遊ぶヴィゴツキー

生成の心理学へ

ロイス・ホルツマン

茂呂雄二 訳

新曜社

Lois Holzman
VYGOTSKY AT WORK AND PLAY

Authorised translation from English language edition published
by Routledge, a member of the Taylor & Francis Group.
Japanese translation published by arrangement with Taylor & Francis Group
through The English Agency (Japan) Ltd.

革命的心理学を研究し、そして革命的心理学と遊んだ、
ジョヴァン・サヴィッチ（1937〜2006）に捧げる。

「研究のためにその対象を静止させてはならない」
（フレド・ニューマン原作の芝居 Life Upon the Wicked Stage の登場人物、
レフ・ヴィゴツキーの台詞より）

日本語版に寄せて

私がこの本を書き上げたのは、茂呂雄二教授と会う前の２００８年の年末だった。それ以来、ヴィゴツキーは、本書で紹介している米国のコミュニティ場面はもとより、世界中のたくさんのコミュニティで「遊びそして学び」続けられている。茂呂教授の努力で、本書で私が紹介しているヴィゴツキーに鼓舞された人間とコミュニティの発達方法論を、日本の読者にも知っていただくことができるようになった。このことに、こころからお礼を述べたい。また、時間を割いてニューヨークに足を運び、「道具と結果の弁証法」という私とフレド、そして仲間たちがヴィゴツキーの人生と著作に見出した建築素材を使って何を作り上げたのか、彼自身の目で見にきてくれたことにも感謝したい。

ヴィゴツキーの創造的課題は、方法の探求にあったと彼自身が語っている。「探求の方法は、人間独自の心理活動の形態を研究するという企図にとって、最大限に重要な問題となる。この場合、方法論は、前提であると同時に産出物でもある。つまり研究の、道具であると同時に結果そのものなのだ」(Vygotsky, 1978, p.65)。

およそ百年前、心理学は自然科学や物理学の、道具主義的な、結果のための道具方法論を見習う道を選んだ。哲学者のフレド・ニューマンと発達心理学者の私は、二人ともコミュニティの組織者であり社会活動家でもあるが、人間の研究に不向きなこの方法を拒否した（人間は天体や植物や身体器官とは質的に異なるのであるから）。私たちはヴィゴツキーの道具と結果の弁証法に強く触発された。私たちの仲間が米国で行なっていた実践にぴったりであるだけでなく、私たちに、人間の生の弁証法的な本性を明確に描き出し、そして、人間の生を理解するよう励ますものであった。

私たちは自分たちのやり方で、ヴィゴツキーの方法論についての記述を解釈した。人間は道具を作り利用するだけではなく、新しい種類の道具――道具と結果の道具をも作り出すと考えた。そればかりでなく、人間の発達も道具と結果の方法論に従う。ヴィゴツキーは大人との言語ゲームとごっこ遊びによって、乳幼児が言葉の話し手となることを示した。この2つの活動においては、道具（プロセス）と結果（プロダクト）が同時に出現する。

ヴィゴツキーは次のように述べている。「遊びのなかでは、子どもは頭一つ抜け出たもののように行為する。遊びは発達における先導要因である」（Vygotsky, 1978, p.102）。彼は、遊びの中で、私たちはいまある私たちであるだけでなく、同時に、何者かに成ろうとすると言っている。大人や周囲の年長者と遊ぶことで、学習のパフォーマンスを創造しながら、乳幼児は学習すると指摘している。数百人もの私たちの仲間が、セラピー、教育、若者の組織作り、演劇作り、独立系の政治運動で、さまざまな組織作りの仕事をするのを見てきて分かったことがある。それは発達するのは子どもだけではないということだ。「頭一つ抜け出た人」、つまり自分が成ろうとしている人とかかわるとき、すべての年齢の、あらゆる人が発達できるのである。赤ちゃんがまだ正しく話す以前から、母親と一緒に会話をパフォーマンスするように、学齢期の子どもたちも知識も無いのに読み書きや算数や科学をパフォーマンスできるし、大人もパフォーマンスの力で、自分の世界をまわしていくしかたを学べるのである。

喃語を話す赤ちゃん、舞台の上の俳優、学校で劇をする生徒、データを高らかに唱える研究者、そしてすべての人々が、そうしようと思い支援を受けられるなら、新しいパフォーマンスを創造し続けることができる。これが、私の考える発達のプロセスである。つまり人々は社会文化的活動を通して、協働して、世界の中での人々のあり方とつながり方、世界の理解と変化について、新しい可能性と新しい選択肢を創造するのだ。言うまでもなく、世界の中には私たち自身も含まれている。

本書は、現在の自分よりも「頭一つ抜け出た人」として互いにつながることについて書いている。数千の都市貧困層の子どもと若者、感情の苦痛を感じている人々、善き親・善き教師・善きカウンセラーに成るため学びたいと思っている人々、コミュニティを築きたいと思っている人々とともに成長のための環境を作るとはどのようなことなのか、紹介したいと思った。私たちはみな、子どものように遊び、どうやればよいか知らないことを行ない、自分で存り、かつ同時に自分ではない人物に成る、そういう能力を持っている。これこそが革命的な遊びなのである。パフォーマンスなのである。人間の発達なのである。これが私たちの、ヴィゴツキーに命を吹き込まれた、生成の心理学のエッセンスなのである。

この遊びに満ちた、世界に他者と共に存る革命的なあり方は、年齢にかかわらず、私たちすべてが、モデルにすることができる。しかし大方の人は、そうであることを止めてしまう。私たちは、仕事と遊びは違うと教えられる。重要なのは仕事だと。学習と遊びは違うとも教えられる。重要なのは学習だと。私たちは絶えず、自分がどんな存在であり、成ることのできる限界があると告げられる。私たちは正しく振るまい、良く見えることに集中する。こうして発達が止められてしまうのだ。革命的遊びなしには、それ以上進めなくなってしまう。個人も、家族もだ。そしてコミュニティも、もう発達しない。実際、この世界は古い役割、化石のようなパフォーマンス、破壊的なゲームに立ち往生しているように見える。

ヴィゴツキーの洞察と私や他の人々の研究から、人々が苦境から逃れるには、今の自分たちのままではなく、自分を超えて成りつつある存在として人々と繋がることのできる、革命的遊びが可能な環境を創造することが必要だと学んだ。貧困、トラウマ、いじめ、身体的な限界、他のあらゆる理由で人々が立ち往生してしまったとき、このような遊びは成長をやめてしまった人々に学習と発達を再開させることができるのである。赤ちゃんと養育者がするやり方で遊ぶことで、学習への愛を取り戻し、他者との新しいつながり方を創造し、希望を生み出し、生を充実させ、新しい経験に取り組み、自身の、そして家族やコミュニティの生を積極的に創造することが可能となる。

世界中で、人々は遊び、プレイしている。彼らは何者かに成るための、発達のための、転換のための、環境を創造している。その環境は、やり方を知らないことを行ない、協働で新しいことを創造するのを支える環境である。まさにそのような活動をしている日本の研究者と学生の皆さんに会うことができたのは光栄なことだった。彼らはみな、ヴィゴツキーにならって、持続的な人間とコミュニティの発達のための新しい心理学を創造するには、「方法の探求」（既存の方法の適用ではなく）が必要だと信じている。日本語版の出版が、多くの学生、研究者、教育者、ソーシャルワーカー、心理学者、コミュニティ活動家や他の人々が、ヴィゴツキーとともに、そして米国の私たちがしてきた仕事とともに、学び遊び、そして、何か新しいものを創造する一助となることを期待している。

２０１４年6月19日

ロイス・ホルツマン

本書への序

「なんでコンピュータを持って行かなかったんだろう。」意気消沈しながら自問する。eメイルは、今や見るのも嫌なくらいの山になっている。学術雑誌に約束した原稿は書きかけだし、すぐに返事を迫られている留守電もいくつか残されている。いちばん大変なのは、明日の授業の準備が終わっていないことだ。このような状況は私だけではない。学者の友人のほとんどにとって、これはごく普通の生活だ。私たちは、上り坂のマラソンレースでいつも後れをとっているようなものだ。後ろを振り向く余裕もなく、今日までの来し方や、うまくいっているかどうかを振り返り、得られたさまざまな学びの成果を確認する暇もない。情けないことである。

こんな状況にあったとき、ロイス・ホルツマンから『学ぶヴィゴツキー』の草稿が送られてきた。ここでは、飛び抜けてアクティブな研究者であると同時に実践家でもある著者が、自分の過去の活動を振り返っているではないか。これは私たちすべてへの招待状であると言うしかない。本書で、ホルツマンは何十年にもわたる、セラピー場面、学校、放課後プログラム、若者のパフォーマンス・プログラム、企業、その他さまざまな場で行なってきた数多くの、献身的な努力のあとを振り返っている。

ホルツマンは、そうした場での実践と、その潜在的だが同時に普遍的な価値、長い時間をかけた理論的見解の発展が互いに影響しあいながらつくり上げてきた、彼女の奮闘努力の道筋をつまびらかにしている。多くの点で本書におけるホルツマンの関心は人間の発達にあり、議論の展開に沿って、そのような発達がまさに起こっていることが見事に示されている。

本書の魅力は、何といっても、彼女のグループが行なってきた多様な試みを理論的につなげるそのしかたであり、理論が実践とともに発展してきた道筋を明らかにしていることである。数年来、社会科学における理論の位置が著しく浸食されてきたことを考えれば、この理論と実践の協働が本書のもっとも重要な側面である。この浸食をもたらしたのはまずもって、実証主義と経験主義の拡大である。経験主義に基づく研究が、ますます研究者にとって重要なものとなった。プロの心理学者の成功は公刊論文の数しだいとなり、理論的、メタ理論的議論は、瀕死の状態に追いやられた。加えてポストモダン転回も理論を批判したが、それは、理論とは真実の担い手であるという従来の考え方に対するものであった。こうして理論はふたたびやり玉にあげられたのである。しかしホルツマンは本書で、実践を牽引する上で理論が果たす役割を見事に示している。理論が対話に取り込まれると、いかに独創的展開が興るかを明らかにしている。そしてもっとも重要なのは、多様な活動が、いかにして彼女の創始した理論的な見解を広げ豊かにしたかが、私たちにわかるようにしてくれていることだ。いまや読者である私たちは、理論の海へと泳ぎだし、自分自身の関心を追求するよう誘われている。

私自身、理論とその実践への適用が展開するのを目の当たりにして、本当に興奮している。彼女の仕事の基礎には、ヴィゴツキーの著作の啓発がある。ヴィゴツキーの著作は、認知が自己充足的で生物学的に決定されているとする、主流の認知心理学への根本的な批判であるとみなされてきた。ヴィゴツキーにとって、思考は基本的に社会文化的文脈に依存している。したがって、社会的行為は、人間のコントロールを超えた認知メカニズムによって決定されるのではない。むしろ、ヴィゴツキー、そして彼と考えを同じくする一連の研究者たちにとって、社会の転換は、批判的分析と協働の活動によって達成されるのである。ホルツマンは、学びと遊びにおけるヴィゴツキーを見事に描き出したが、とりわけ私がすばらしいと思うのは、ホルツマンがヴィゴツキーに見出した方向性である。多くの心理学者が、ヴィゴツキーの理論を個人の枠組みで理解した。つまり、「高次精神機能」に焦点をあてたヴィゴツキーの文章に共鳴したのであった。そのため、社会的世界は考慮されるが、精神生活を左右する単なる要因に成り下がる。社会的世界自体には、特段の関心をもたないのである。ホルツマンは力点を逆転させて、重要な結論にいたった。個人の行為がそもそも社会的な源をもつなら、転換は社会的プロセスを通してしか生じない。そして、この転換こそが、人間発達そのものなのである。

こうしてホルツマンは、たとえば発達の最近接領域の個人主義的、認知的見方に満足しない。発達の最近接領域を、既存の認知機能によって個人が達成するであろうことと、他者の支援によって達成されるであろうことの差異であるとする見方である。それどころかホルツマンは、情動発達のゾーンの概念を提唱し、他者と機能的な関係を構築しながら協働するなかで情動が発達することを強調する。強調は協働のプロセスにあり、個人の発達はそのなかでもたらされるということだ。

ホルツマンが示しているように、認知から情動へと強調点を移すことは、実践にとって重要な意味をもつ。情動を含めることで、ヴィゴツキーがセラピー、教育、そして日常生活における新しい重要な実践とかみ合って動き出すのである。さらにホルツマンの立ち位置からヴィゴツキーの仕事の社会的意味に目を向けることによって、社会生活における遊び／演劇の役割にまったく新しい照明を当てることができる。遊び／演劇によって「今ある状態」への挑戦が可能となり、協働で遊び／演じることで、発達が加速される。こうして、アートの全域が人間の発達に重大な意味を担うようになり、学校や組織にとっても重要な意義を持つこととなる。

最後に、ホルツマンは、個人主義中心の伝統全体に疑問を投げかけている。関係から分断された個人が空虚であることを正しく喝破している。そして、ホルツマンの旅が私自身の研究にとっても特に刺激的だと思うのは、この視点の転換なのである。いま、私が十数年来あたためてきた作品が完成に近づいている。『関係する存在 ―― 個人とコミュニティを超えて』は、ホルツマンの刺激的な本と結ぶ関係の軌跡を描こうとしている。とてもありがたいことである。

ケン・ガーゲン
スワースモア大学、アメリカ合衆国

まえがき

レフ・ヴィゴツキーに出会ったのは、発達心理学者、発達心理言語学者としてやっていこうという時だった。私は政治的にラディカルになって、ヴィゴツキーを私の政治面でのメンターである哲学者に紹介した。彼と仕事を始めるため私は大学を離れ、ヴィゴツキーを携えて、主流の学者の世界から飛び出した。

私のはじめてのメンターは、ロイス・ブルームだった。研究者であり教育者であるロイスとは1970年代に、院生としてコロンビア大学の発達心理学大学院プログラムで一緒に仕事をした。幼児の言語学習を研究するには、大学のラボを離れて、家庭や遊び集団に入っていかなければならないことをロイスは教えてくれた。私たちは、遊び、会話し、パフォーマンスしながら、赤ちゃんたちと何時間も一緒にいたものだ。私は、文脈がとても大事であること、赤ちゃんが家庭で行なうのと同じことをラボでもするわけでないこと、赤ちゃんと、何をするか、誰と一緒にやるのかとは一体のものであることを学んだ。ロイスと仕事をすることで、質的研究が量的研究よりも厳密である――実際、数段厳密である――ことを学んだ。ロイスのおかげで、私は研究というものが大好きになった。彼女が私をラボから連れ出してくれて以来、それは私のすべての研究の基礎となった。

二番目のメンターは、1970年代後半ロックフェラー大学でポスドク研究員として一緒に仕事をした、マイケル・コールだった。マイクは、実験室では認知の社会文化的な性質を見ることはできないため、ラボでの認知研究は生態学的に妥当とはなり得ないことを教えてくれた。彼は科学一般、とくに社会科学や心理学は、政治的であること、そして心理学者の仕事は実践として意味のあるものになりうることを、はじめて私に自覚させてくれた。そのうえマイクは、きわめて実践的であり、きわめて政治的な社会科学者、レフ・ヴィゴツキーのことを教えてくれた。この2つの教え——ヴィゴツキーと心理学の政治性——が、三番目のメンターであるフレド・ニューマンとの出会いの舞台となった。

フレドと出会ったのは、博士論文が完成に近づきつつあった、コールと仕事を始めた頃だった。フレドは哲学者だったが、政治的組織作りとコミュニティ作りのため、1960年代後半に大学を去った。彼は科学哲学とマルクス主義を背景に、ソーシャルセラピーというラディカルな心理療法を創始していた。フレドは、何十年にもわたる共同研究を通して、さまざまなことを教えてくれた。一つは、世界に出て行く道筋を示してくれたことである。ロイス・ブルームもマイク・コールも、ラボから出て行くことは教えてくれた。しかし、大学のラボのかわりに家庭の居間や遊び場に座っていても、私たちは大学ラボの実験的な考え方や方法をそこに持ち込んでいたのだ。フレドはラボとは関係のない生を歩む道筋を示してくれた。フレドは、アクティブに世界の変革を試みることで、世界を研究する方法の開拓という仕事に誘ってくれた。フレドとともに実践することで、私の人間発達に関する情熱が決して知的好奇心だけからくるものではなく、人間という種が生存し繁栄するためには発達の道筋を見出さなければならないという信念と、この革命的な活動に貢献したいという欲望にも由来すると分かったのだった。

フレドをメンターにして、30年以上一緒に仕事をしてきたわけだが、私の活動が変わったのはもちろん、私という人間も変わった。いま私は、研究する対象の建設者であり共同の創造者であるという意味でよい科学者になれていると感じるし、ラボと無縁になってよい研究者になれたと感じる。こうは言っても、始めの二人のメンターの教えと贈り物を否定するものではない。学習と発達が社会文化的な状況に埋め込まれていること、心理学が生態学的に妥当でなければならないこと、心理学のもつ政治性、レフ・ヴィゴツキーの現代的意義、これらのブルームとコールの教えは、大学の外へ持ち出して、日常生活者の生へと持ち込むことで深まり、さらに発展した。それらはフレドと私と数百の人々が取り組む活動の一部となった。ヴィゴツキーをフレドのところに持ち込んで、フレドの革命的で哲学的な目でヴィゴツキーを吟味するようにしむけたのは私である。本書の事例に明らかなように、生きたヴィゴツキー主義の発展に私や仲間を取り組ませたのは、まさにフレドだった。

私はむかし、レフ・ヴィゴツキーを誰もが使う言葉にしたいという夢を綴ったことがある。私は実験学校のバーバラ・テイラースクール（3章）について書き、ヴィゴツキーをハーレムの子どもたちや家族に届けて彼らの発達を再活性化し、学校での学びをもっと先鋭なものにしたかった。私の書いた論文は、社会構成主義と組織行動に関する学術書の一章だったが、この本は私の大望を推し進めるには場違いだった。いま読んでいただいている本書も、読者層はほんの少しばかり幅広いものの、それほど私の夢をかなえる力とはならないだろう。しかし、そんなことは問題ではない。件の一章を書いて以来8年がたち、ヴィゴツキーは、ハーレムだけでなく、アメリカと他の国々の数十のコミュニティに広がっている。

本書の最初の企画段階で、匿名の査読者が本書を執筆する理由についての部分に異議を唱えた。私は、ヴィゴツキーが数万の一般の人々にとっての生きた力となると書いたのだが、これを査読者は、科学的文章というよりも、本の宣伝文だと読んだのであった。本書を書きながら、本書のテーマにとって中心的な問いとなる、この批判に何度も立ち戻った。事実と価値は分離可能なのか？　可能ならばその基準は何か？　主観性、客観性とは何か？　何が科学的主張を構成し、何がその証拠を構成するのか？　科学は説得とは無縁なのか？　主観性から自由か？　もしピアジェとフロイトが人々の生を導く力だと書いたのなら、これらの分離に気づいただろうか？　おそらく心理学者の誰も、その主張が事実かどうか問題にしないだろう。しかし依然として、証拠をどうやって集めるかだけでなく、説得以外の何のために証拠を集めるのかを問うことができる。

本書『遊ぶヴィゴツキー』は質的な探求であり、複雑に絡みあう関係、プロジェクト、コミュニティのライフヒストリーであって、そこではヴィゴツキーが重要な役割を演じている。多くは、大学のラボから出て、普通の人々と彼らのコミュニティのもとにヴィゴツキーを届けた私のストーリーであり、私と他の人々がヴィゴツキーと一緒につくり上げてきたことごとのストーリーである。これはまた、非常にユニークな介入研究と、それが制度化された心理学とそれにつらなる教育研究とのあいだに引き起こした軋轢に関するストーリーである。私たちがヴィゴツキーと一緒に作りあげた他のすべてと同じように、この本は自覚的に、徹底して主観的なものである。本書を書いたのは、「ヴィゴツキアン－ニューマン－ホルツマン流の道具と結果の弁証法的実践のメソッド」の価値を読者に伝え、挑発し、説得するためなのである。本書は、普通の子どもたち、若者、そして大人が、さまざまな日常生活の状況でこのプロセスに参画するとき、それがいったいどのようであるかを示そうとしている。彼らが作り出す新しい活動は、彼らの（そして同時に世界の）発達にほかならない。それはまた、現在の心理学実践とその背後にある仮説に存在している、区別、二分法、境界引きに対する、実践的－批判的な問いかけなのである。そういうわけで、『遊ぶヴィゴツキー』は基本的にパフォーマンスを重視するテキストであり、同時に、心理学およびより広い文化で進行している、概念革命の一環であり省察でもあると言える。

他のヴィゴツキー本で解説されている概念であっても、本書ではほとんど触れられないか、きわめて異なる「解釈」に立って議論しているものがある。たとえば、人間発達の理解にヴィゴツキーが果たした主要な貢献とされる媒介や媒介手段には、ほとんどページを割いていない。もう一つの例は発達の最近接領域（ｚｐｄ）である。私はそれを、個人の特質としてではなく、社会的な創造の活動として扱っている。他の概念も、ヴィゴツキーに由来するとはいえ、ラディカルに改変し、私の仕事に独自なものになっている。その例は、思考がことばの中で完成されるというヴィゴツキーの主張に発する完成活動、遊び《プレイ》は、子どもが頭一つ抜け出たように振る舞えるようにするという彼の見方に由来するパフォーマンスの概念である。そしていちばん重要なのは、ヴィゴツキーが方法論の探求として述べていることを受けて発展させた、道具と結果の弁証法の導入である。

多くの研究者がヴィゴツキーの人生、理論、方法論について書いている。それらの研究者の解釈から、ヴィゴツキーについて学んできた。ジェローム・ブルーナー、マイケル・コール、ジョー・グリック、ヴェラ・ジョン＝スタイナー、アレックス・クズーリン、カール・ラトナー、ドロシー・ロビンズ、アナ・ステツェンコ、ヤーン・ヴァルシナー、ルネ・ファンデルフェール、そしてジェームス・ワーチである。[1] 学術文献には、これらの研究者の間の、歴史的・理論的議論と批判と論争が満ちている。ときどき私もそのような論争に参加して、私としての批判を書いたこともあるが、本書では、そのようなことはほとんどしていない。私は他の研究者への批判を支えにすることなく、自分のストーリーとヴィゴツキーの解釈が読者の解釈の刺激となり、議論の種となって、共鳴して欲しいのである。そうでないやり方では、私の探求の哲学と方法論にまったく反することになるし、私のねらいとする実践を裏切ると感じる。関心のある読者は、私の解釈にとらわれることなく、ご自身で、他の研究者の著作にあたっていただきたい。

謝　辞

以下の方々に感謝し、心から御礼申し上げます。

まず私を激励し、支援し、あらゆる形で助けてくれた方々 ── ゲイル・エルバーグ、ダン・フリードマン、ケイト・ハンセルマンズ、キャリー・ロブマン、スーザン・マサド、メリッサ・マイアー、そしてフレド・ニューマン。

発達を生み出す、すばらしい仕事をした方々 ── フレド・ニューマンとソーシャルセラピー・グループのセラピストたち、ダン・フリードマン、ガブリエル・カーランダー、パム・ルイス、ブライアン・ムリン、オールスターのスタッフの方々すべて、寄付をしていただいた方々、ボランティアの方々。キャシー・サリットと人生のパフォーマンスのスタッフとボランティアの方々。イーストサイド・インスティチュートのボランティア研究員とスタッフの方々。そしてレノラ・フラーニ。

草稿を注意深く読んで、有益な助言をしてくれたレビューワーへ。

非常にたいへんな編集作業をしてくれた、ルーシー・ケネディー、シャルラ・プラントとラトリッジ出版社の編集チーム全員に。

目次

第２章　ヴィゴツキーとセラピー ―― 情動発達の領域を作り出す ―― 31

第３章　教室で ―― パフォーマンスの学習、学習のためのパフォーマンス ―― 67

第４章　学校の外で ―― 創造的模倣と他者の受け入れ ―― 101

装幀＝虎尾　隆

第1章　方法とマルクス

古いスタイルは、言うならば、より新しい言語へと翻訳することができる。古いスタイルは私たちの時代にふさわしい、新しいテンポでパフォーマンスされると言えるだろう。

（ルートヴィヒ・ヴィトゲンシュタイン『反哲学的断章 ―― 文化と価値』Wittgenstein, 1984, p.60e）

認知的パラダイムと認知‐情動の分離

パラダイムということばにはかなり以前に出会っていたと思うのだが、私がこのことばに注目するようになったのは博士号（１９７７年）を取った後のことであった。このことばを流行らせたクーンの著作『科学革命の構造』（Kuhn, 1962）は、何にせよ私の大学院の必読書リストにはなかった。この30年間に事情は大きく変化したので、読者にとっては、この概念に初めて出会うというわけではないだろう。

学問分野によっては特別な意味をもつにしても、クーンの「特定のコミュニティが共有する信念、価値、技術などの総体的布置」(Kuhn, 1962, p.175) というパラダイム概念は広く受け入れられており、モデルとか思考システム、あるいは世界観などのことばとともに広く使われている。科学がいかに発展するかについて述べるなかで、クーンは物理学、生物学、医学などの科学の事例を取り上げ、科学的思考の革命が集中する「時期」を含む歴史プロセスを描き出し、それをパラダイムシフトと呼んだ。それは単なる個別理論の見直しではない。むしろすべてが変わることである。科学者が研究主題を取り上げる視点、その分野の用語、妥当とされる問題、理論の評価方法の、すべてが変わるのである。よく引用されるパラダイムシフトは、天文学における天動説から地動説へのシフトや、ニュートン力学からアインシュタイン物理学へのシフトである。哲学、科学、社会科学で、クーンの描写と用語が物理学以外にも妥当かどうか、応用可能かどうかの議論が続き、そうこうするあいだに、クーンの用語はあらゆる学問分野に入り込んだ。乱用かどうかはさておき、私はパラダイム、そしてパラダイムシフトは、ヴィゴツキーを理解する上で有用な概念だと思う。本章でも他の章でも、何度もこの用語を持ち出すだろう。新しい人間科学パラダイムを創造しようとしたヴィゴツキーの試みのなかに私が見出したのは、人間の生活(生)への非パラダイム的アプローチの萌芽である。この発見に至る道は、予想外のものであった。

30年前、私はヴィゴツキーをフレド・ニューマンに紹介した。ニューマンは、ソーシャルセラピーと呼ばれる、独特の心理療法の創始者である。当時、生まれて間もないソーシャルセラピーは、聞いたこともない新しいものだった。言語、思考、学習、発達の複雑な関係を探求する過程で、私はヴィゴツキーを知って本当に興奮した。と同時に、私は、人びと、制度、考え方、生活、そして革命的な変化を扱うソーシャルセラピーとニューマンのアプローチに魅せられた。ヴィゴツキーとの出会いは、私の世界を変えた。ニューマンとの出会いも私の世界を変えた。私が二人の出会いを心から望んだのは、当然のなりゆきであった。ヴィゴツキーとニューマンの出会いは、本当にユニークなものを生み出すに違いないと確信した。まさにそのとおりだった。

首尾よくニューマンに、ヴィゴツキーへの興味をもたせることに成功すると、哲学の訓練をつんだ彼は、逆に、ソーシャルセラピーとヴィゴツキーのアプローチとアイディアを関連させるという探求に、発達心理学者の私を巻き込んだのだった。それは、深く広範囲にわたる「成果」を生み出すこととなった。ヴィゴツキー的になったソーシャルセラピー実践は、よりラディカルに、より意義深いものとなった。さらに、ソーシャルセラピー実践は、アメリカばかりでなく他の国々の、多様な教育文化の環境・制度・コミュニティに広く適用できる、効果的な人間発達の方法論となった。この発展によって、現代の心理学は特殊な哲学によって過剰にバイアスがかかっているが、このような心理学のパラダイム制約についての新しい理解と、その制約を解き放つ道筋がわかってきた[1]。

多くの人が現代の心理学を批判し、代替パラダイムを提案してきた[2]。1970年代後半から今日に続くヴィゴツキー人気は、次のように理解できるだろう。つまり、彼の著作は、学習と発達を、没歴史的、没文化的、個人主義的な（生物学的）展開としてみる理解を、文化歴史的で社会的に創造されるプロセス（しばしば文化歴史的活動理論、あるいは社会文化的アプローチと言われる）であるという理解へとパラダイムシフトする、きっかけとも支えともなる役割を果たしてきたのである。ヴィゴツキー研究を専門とする国際的な研究者コミュニティが活動しており、彼の研究方法と知見は、心理学者の見方に質的転換を引き起こしてきた。これは私にとって、社会科学ならびに教育研究において起こっている、もっとも重要でもっともすばらしいことである。私もこのコミュニティの一人に数えられ光栄に思っているが、私の流儀は他の人びととは質的にかなり違っているのも事実だ。

私の目指すところは、心理学にパラダイムシフトを起こすというよりも、パラダイムの見方そのものから離脱することにある。[3] 同僚たちや私自身が実践し解明してきた活動理論は、新しいパラダイムという以上に、それとは異なるものなのである。これは、パラダイムなど必要のない、新しい存在論なのである。この、パラダイム主義（そして、認識論、つまり説明と認識を重視する流儀）とはまったく異なる立場こそが、私とニューマンが数々書いてきたことなのであり、私たちは、新しい「生のあり方」の発見と統合された、新しい「ものの見方」の創造に着目するよう説いてきた（Holzman, 1999; Newman, 2000a; Newman & Holzman, 1996/2006, 1997）。ヴィゴツキーをアンチパラダイム主義とみなすわけにはいかないが、それでも心理学に根深い発達の二元論的見方を斥けるヴィゴツキーの試みは、私たちの研究を啓発し、進展させたのである。

ヴィゴツキーは、いくつもの（二元論的）二分法を乗り越えようとした。生物学と文化、行動と意識、考えることと話すこと、学習と発達、個人と社会などの二分法である。[4] 彼は心理学のこの種の二元論的概念化を拒否し、それに強く対抗する議論を展開して、弁証法的方法論をとるように求めた。この点についてのヴィゴツキーの著作は、ヴィゴツキー研究者や歴史家によって注目され、かなり論じられている。しかし、それに比べてほとんど注目されることがなかったが等しく重要なのは、心理学における認知と情動の二元論的概念化に対する彼の挑戦である。ヴィゴツキーの思想におけるこの問題は、私にはとても重大なのだが、不思議なことに、ヴィゴツキー研究者は取り上げようとしなかった。

ここで心理療法に立ち戻ることになる。ヴィゴツキーの考え方は何十という研究分野や専門的実践領域で検討されてきたが、心理療法、情動、そして情動の発達の領域では吟味されていない。少数の例外を除いて、現代のヴィゴツキー研究者は、情動領域に関与しようとしない。心理療法の研究者や実践家は、ソーシャルセラピーに関する文献、あるいはジョン・ショッター（Shotter, 1993a, 1993b, 2000, 2006）の理論的文献や、ナラティヴセラピーのマイケル・ホワイト（White, 2007）の著作に親しんでいないかぎり、ヴィゴツキーの名前すら聞いたことがないかもしれない。[5] このような事態をどう考えたらよいのだろうか。「心理学のモーツァルト」（Toulmin, 1978）と呼ばれ、ピアジェやフロイトに並び称され、被引用回数トップ100に入る（Haggbloom et al., 2002）という、大きな影響力をもつヴィゴツキーが、なぜ（インパクトとしても数の上からいっても）最大の心理学領域である臨床心理学の分野で活発に応用されないのか？　思うにその理由は、ヴィゴツキーの認知と情動の見方がいかに重要であるかを見えがたくしてしまったのと同じパラダイム制約とバイアスの存在を、強く物語っているのである。ヴィゴツキーの、心理学における認知と情動の二元論的概念化への挑戦の意味を理解するには、情動過程が中心と言ってよい心理療法にこそ、向かわなければならない。

情動は、長く西欧文化のなかで、二級品扱いだった。知に劣るもの、合理性の敵、男性ではなく女性的特性とされてきた。フェミニスト心理学者や哲学者が、人間について受け入れられてきた男性視点のバイアスを明らかにしてきたにもかかわらず、心理学全体の文化環境は、パラダイムとして男性的で、過剰に認知的なままであった[6]。これはヴィゴツキーに大きく影響を受けた研究者も含めて、社会文化的心理学者も決して例外ではない。主として情動の問題を扱う心理療法は、いわゆるソフト科学、あるいは科学ですらないとみなされてきた。心理療法を文化的わざ、あるいは活動とみなす人びとは、この評価をむしろ支持してきた。一方、心理療法を科学的に信頼できるものにしようとする人びとにとっては、このような評価は受け入れがたいものである。とくに過去20年について言えば、女性の心理療法家のほうが数で男性を凌駕したにもかかわらず、心理療法全体がより「科学的」（客観性、測定可能性、「エビデンスベースド」など）になるという圧力に屈するか、積極的にそうなろうとしてきた（個々の研究者の見方による）。これは心理学全体の趨勢でもある（American Psychological Association, 2005）。心理臨床で起こっている関係性への移行（たとえばミラーの「*Toward a New Psychology of Woman*」Miller, 1976 における主張のように、しばしば結びつきについてのフェミニストの概念を用いている）は歓迎すべき革新ではあるが、依然全体的な保守的環境のなかに置かれているため、周辺的であるに止まっているばかりか、認知主義的考え方に取り込まれやすい。

私が、認知と情動の分断に焦点を当てるのは、抽象的な階層というような意味で、ヴィゴツキーが乗り越えようとした他の諸々の二元論的分断よりも重要だと言いたいのではない。むしろ、認知と情動の分断の問題は本書の至る所に編み込まれているのであって、それはヴィゴツキーにとってユニークな重要性をもつゆえであり、そのことを私は仲間たちとともに発見し、その発見に導かれてきたのである。

なぜ方法か？

私は本書を、革命的で、マルクス主義者で、心理学者であり教育実践者であるヴィゴツキーの「創造的模倣」として書いた。その理由は、私は心理学者であるが、制度としての、産業としての、そして専門学問分野の伝道機関としての心理学を好まないからである。自然科学と物理学に倣うという誤った始まり方をした心理学の大半の理論と実践は、世界最大の専門職集団であるアメリカ心理学会が声明するミッション、すなわち「健康、教育そして公共の福祉」（http://www.apa.org/about/）を促進するというミッションに反していると私は思う。また私は、教育者でもあり、現在の教育システムの無能さと頑迷さ、そして子どもたち、教育者、家族と世界にもたらしている害悪を悲しく思うからでもある。さらには心理学者であり教育者として、私は、仲間の心理学者や教育者も含めた大方の人びとが、心理学と教育が誤った方向に進んでいるとほぼ一致して考えているにもかかわらず、現状に追従してそのなかでベストを尽くす以外に、何をすべきかわかっていないと知ったからである。そしてまた、何よりも、何をすべきかわからない場所は、革新と変化を引き起こすにベストの場所だと知ったからである。ヴィゴツキーは私を助けてくれたが、多くの人はどんなに助けになるかを知らないのではないかと思う。どのように助けになったかは、単純ではない。というのも、ヴィゴツキーは、多くの点で、彼の時代の誰しもと同じように、知ることに傾注したからである。しかしヴィゴツキーは、事前にはどのようにしたらよいか知らなかったとしても、当時の知の状況を乗り越えたのである。

レフ・ヴィゴツキーは、一言で言えば、前世紀の革命的科学者である（Bruner, 1996; Newman & Holzman, 1993; Wertsch, 1985)。彼は、徹底的で進歩的な社会変革のために理解しなければならないことを解明するため、見事に、そして献身的に研究した。彼は、人間がどのように学習し発達し文化を創造するのかを理解しなくてはならないと考えた。彼が、当時の支配的世界観の「枠を超えて」、まったく独創的に考えたのは驚くべきことである。というのも当時、近代科学の見方とその真理、システム化、一般化、説明、測定、そして目的論の概念が、発展途上の社会科学を形作っていたばかりか、1920年代、30年代のマルクス主義と共産主義をも過剰に方向づけていたのだった。ヴィゴツキーはマルクス主義者として、人間解放が科学的装いをもたねばならないとの考えを受け入れざるを得なかった。今日、彼の著作を読むと、当時のこうした知的制約の甘受と同時に、それへの抵抗を読み取ることができる。これには深くうたれるし、示唆にも富んでいる。

本書を構想した最初の段階では、20世紀初頭にヴィゴツキーが取り組んだ「心理学の危機」と、21世紀に生きる私たちの直面する危機の類似を描くことから始めようと考えた。そこで、ヴィゴツキー選集の第3巻への「序言」で、同じ問題を論じているリーバーとウォロックの周到な評論を再読した(Rieber & Wollock, 1997)。二人がこれを書いてから十年余が経ち、何かつけたす必要があるかもしれないと思ったからだ。

リーバーとウォロックは、二つの危機が、形の上では似ているものの、実質的には違っていると指摘している。

ヴィゴツキーが「危機」について書いたとき、心理学はヨーロッパとアメリカでやっと大衆化し始めたところだった。当時も、今日と同じように、心理学は混沌としていたが、しかしその理由は違っていた。当時の心理学は輝かしい可能性を秘めていたものの、まったく未発達であったためであり、現在の心理学は、大衆化しすぎて凡庸なレベルにとどまっているためである。(Rieber & Wollock, 1997, p.x)

そのとおりであるが、歴史的考慮がまったく不十分だ。ヴィゴツキーの時代、心理学はただ若いだけでなく、自然科学なのか、社会科学なのか、それとも人間科学に向かうのかさえ不確定であった。この不確定さが、ヴィゴツキーが危機を訴えた重要な理由であった。さらに、産業としての心理学の大規模な影響がもたらしたものと、社会統制の手段としての驚くほどの心理学の成功は、予想できなかった。心理学が世界で果たす役割というだけでなく、世界全体が、1920年代以降、政治的、経済的、科学的、技術的に、そして文化的に、完全に転換したことを考えれば、二つの危機の比較から学べることは少ない。実際、今日の心理学の危機について語ることには何の意味もないかもしれない。私たちは、心理学の支配する世界に生活している。それは、教室で、裁判所で、クリニックで、オフィスで、組織で、広告やメディア産業で、軍隊で、そして家庭で、権威と化している。もはや心理学の危機などあるとは思えない。実際、心理学はうまくやっている。しかしそれにもかかわらず、世界はますます混乱するばかりなのである。そのことこそが、危機なのだ。

心理学の進むべき道が不確かだった時代に、ヴィゴツキーは、科学に関する根源的問題を提起した。彼は、求められているのは、一般的（統合的）でシステム化された心理学だと確信していた（Vygotsky, 1997, pp.233-343）。この確信は、科学を一連の合意された概念と説明原理によって限定された、知識／探求だとする彼の時代の科学概念に直接由来する。彼の知的貢献は、19世紀後半と20世紀初頭の科学哲学を反映しており、またそれに貢献するものであった。最近の科学史や科学哲学、ならびに新しい学際領域である科学論から見ると、ヴィゴツキーの考え方はしばしば過度に単純であるように思われる。これは批判ではなく、彼が時代の産物だということを忘れないようにするための注意書きである。私の経験から言うと、このことはヴィゴツキー論や彼に触発された最近の研究で忘れられ、見過ごされていることが多い。

ヴィゴツキーの社会歴史的位置取りが忘却され看過される一つのあらわれは、今日の学術基準にもとづいた評価や、21世紀の科学の発達や文化、政治、歴史の視点からの評価である（ヴィゴツキーの経験的研究は再現可能か？　真に心理学者と言えるのか？　人種差別主義者ではないのか？　マルクス主義なのか？　彼の研究はイデオロギーに先導されたものではないか？）。この「忘却」はまた、誰の、どのような研究がヴィゴツキー派と呼ばれるにふさわしいかの評価として現れる。これには、ヴィゴツキーの研究に近ければ近いほど良いという前提がある。しかし、正反対の議論も同じく可能なのである。つまり、ある最近の研究がヴィゴツキーのオリジナルの研究に近ければ近いほど、それは「ヴィゴツキー」的でないと評価できる。なぜなら、ヴィゴツキーの研究は、何よりもまず文化歴史的研究だったのであって、それ以降歴史的条件はまったく別物になってしまったわけであるから。この歴史的視点は私たちが伝え聞く彼の生き方と調和する。彼は「革命が解決するのは歴史が提起した課題のみである」（Levitan, 1982 の扉に引用されたヴィゴツキーのことば）という観点をもっていた。ヴィゴツキーにとって、このような課題は最初の共産主義革命の成功によって提起されたものであり、これらの課題を解決するため、心理学に革命を起こそうと努力した。彼の失敗した試み（共産主義の失敗と連動している）にも、卓越した方法論的突破が含まれており、これは歴史が現在の私たちに突きつけている課題を解決するために、今日の心理学に革命をもたらすためにも有用である。

人間の学習と発達についてヴィゴツキーが提起した課題と、その問題の研究方法は、歴史が突きつけた課題であった。第一に、封建ロシアから、計画経済を特徴とするソビエト連邦への転換は、巨大な課題だった。新しい文化の創造は、きわめて真剣に「学習・発達」の挑戦に答えることを余儀なくした。たとえば、ほぼ１００パーセントに近い文盲率、新国家を形成する数百の少数民族の文化的差異、新社会建設に部分参加しかできない人びとへのサービス欠如、国中を徘徊する数百万の遺棄されたホームレス児童たちである。ヴィゴツキーと仲間たちの挑戦は、希望の社会を創造するための偉大な実生活における実験の一部だったのだ（たとえば、Bruner, 2004; Friedman, 1990; Newman & Holzman, 1993; Stetsenko, 2004; Wertsch, quoted in Holzman, 1990, pp.21-22）。

第二に、この課題を提起するとき、ヴィゴツキーは、科学を再吟味可能でラディカルに転換可能な文化現象とみなしていた。社会−文化−歴史的活動としての科学は、彼の関心事だった。１９２０年代までに、心理学分野は経験的で実験的な科学となる道を歩み始め、方法論と分析単位の問題が熱く議論されていた。たとえば、実験的方法論に従うことは、人間の本質である意識を除外することにならないかといった問題である。ヴィゴツキーは意識（ならびにその現象である「高次精神過程」）の研究をあきらめなかった。また二つに分裂した心理学（精神事象に関する主観的心理学と非精神事象に関する客観的心理学）も望まなかったし、精神事象を非精神事象に還元することで意識問題を回避する方向も望まなかった。ヴィゴツキーは長大な論考で、これらの選択肢はいずれも、誤った信念にもとづいていると論じている。二つが依拠するのは、客観主義的認識論であり、これは人間の（意味生成）活動としての科学を否定し、人間を自然現象として扱うという誤りをおかしている。ヴィゴツキーによれば、人間科学としての心理学は、客観−主観の二元論にもとづくかぎり、発展は望めないのである。

　こうしてヴィゴツキーは、科学的探求の方法そのものを問うこととなった（ここでいう方法は、個別の研究テクニックではなく、方法論的アプローチ全体を指している）。自然科学の方法論は自然現象には適しているかもしれないが、人間の研究には適合しない。自然科学の方法論を採用した心理学は、「解消不可能な方法論的矛盾を抱え込んでいる。それは非自然を対象とする自然科学であり」、結局「人間とは相容れない知識システム」を生産してしまう（Vygotsky, 1997a, p.300）。人間を科学的に研究するには、二元論ではない方法論が必須であり、非二元論的方法概念が必要なのだ。ヴィゴツキーはこの挑戦を次のように述べている。

> 　探求の方法は、人間独自の心理活動の形態を研究するという企図にとって、最大限に重要な問題となる。この場合、方法論は、前提であると同時に産出物でもある。つまり研究の、道具であると同時に結果そのものなのだ。（Vygotsky, 1978, p.65）

　流通している科学では、方法とは適用され、結果を生み出す道具であるが、ヴィゴツキーはきわめてラディカルに、このような科学のパラダイムを捨て去るよう提案した。流通科学では、方法と結果は一方向的であり、道具主義的で二元論であり、ニューマンと私は、これを結果のための道具方法論（tool for result methodology）と呼んでいる（Newman & Holzman, 1993）。ヴィゴツキーは、質的に異なる方法概念を提唱した。これは適用される道具ではなく、道具も結果も同時に生み出す、持続的プロセスとしての活動（「探求」）である。道具と結果は、二元論的に分離されないが、しかし同じものでも一つのものでもない。むしろ、それらは、弁証法的な統合性／全体性／総体性の構成要素なのである。ヴィゴツキーが主張したのは、適用されるテクニックではなく、実践される方法論なのである。この概念の弁証法的関係性を捉えるために、ニューマンと私は、これを道具と結果の方法論（道具であると同時に結果 tool-and-result methodology）（Newman & Holzman, 1993）と呼んでいる。この新しい方法概念は、明らかに客観主義でも主観主義でもなく、二元論の囚われの外にある。そこにこの方法論の可能性と力がある。後続の章でより詳しく論じるが、ニューマンと私は、この道具と結果方法論は人間の発達を研究する場合に当てはまるだけでなく、人間の発達活動そのものを適切で豊かに特徴づけるものであると信じている。このアイディアの種子が私たちの研究に既にあったことは確かだが、ヴィゴツキーを読むことを通してより明確なものとなった。ヴィゴツキー風に、彼のことばが、私たちの思想を「完成させた」（Vygotsky, 1987, pp.250-251）と言うことができる。[7]

問題だらけという問題

西洋の科学的世界観は、問題だらけである。それは文字どおりに問題なのであって、問題が生活の

「あり方」そのものになっている。人びとは、自分自身と他者を問題によって見、理解し、問題という言語で語るように社会化される。そして問題には、常にそうなるとは限らないが、解決を伴う。日常言語で質問が可能な答えを含意するように、問題は可能な解決を含意する。問題を特定して答えを導くことは、卓越した科学、良い教育、優れた政府、優秀な外交、そして充足した生活の品質保証となる。問題を発見すべしと教えられ、解決を求めるべしと教えられる。このような見方と考え方は、車を修理したり家を建てる場合にはよいかもしれないが、子どもを育てたり、平和に暮らしたり、貧困をなくすなどの、人間の発達に関連する場合、有効かどうかは疑わしい。いまだに、この問題解決パラダイムは支配的であり、世界を創造し続ける人間の可能性を過剰に方向づけ、大きく制限している。このパラダイムこそが問題なのである。

ヴィゴツキーの道具と結果の方法論は、この問題から抜け出す道を示している（解決はそのかぎりではないが）。問題だらけの世界に取り組む方法論は、道具主義的であるからだ。結果のための道具の方法論は、問題と解決の存在論に認識論的に対応するもので、基本的に問題解決型のアプローチである。対照的に、道具と結果の方法論は、このような世界の見方や生き方を拒否して、より統合的で、生成的で、持続的なプロセスを目指すアプローチである。

心理療法の実践ほど、問題やパラダイムが誤って採用された領域は他にない。そこで支配的なのは、情動的な生／活動を問題に仕立てることである。患者／クライエントにとって、セラピーに行くということは、何か悪いところがあり、その人が「提示している問題」をもとに診断が下される、ということを意味する。主流の心理療法家にとっては、まず問題を名づけ、患者／クライエントと一緒にその原因や源を徹底的に探し出し、投薬を行なうか、時に原因探しと投薬を組み合わせて問題の解決法を見つけることが課題となる。制度化された心理療法では、問題を中心にして組織されているために、もし精神障害の診断と統計の手引き第4版（APA, 2000）に対応する問題が見つからなければ、治療が拒否されることもある〔マスコミで取り上げられたこの一例がEdonosで、これは「eating disorder not otherwise specified（摂食障害としか言いようのないもの）」の略である〕。ニューヨークタイムズの2004年11月30日号に掲載された、ヘニング記者執筆記事のタイトルはこうである。「残念、あなたの摂食障害はわれわれの基準に合致しない。」

医学モデルを捨てて心理療法を科学ではなくアートとしてみようという要請を含めて、心理療法が診断を前提にしていることへの批判は多々なされてきたが[8]、その背後に潜む問題‐解決パラダイムが批判の対象となることは少ない（たとえば、その人が問題なのではなく、問題を「もっている」のだと指摘するが、問題解決パラダイムを否定してはいない）。ここには認知的バイアスがあると思う。というのも、問題解決パラダイムは基本的に、情動の認知モデルであるからだ。第2章で議論するが、ヴィゴツキーの認知‐情動の二元論を乗り越える試みは、ソーシャルセラピーの道具と結果の方法論をさらに発展させることになった。

行動

世紀をまたぐ発展の過程で、学問としての心理学は、ヴィゴツキーの主張とはまったく異なる道を歩むことになった。心理学は、彼の提起した方法論的な係争点を無視し、逆に自然科学あるいは物理学のイメージを作り出してきた。心理学は一方向的な因果性を好み、弁証法を斥けた。適用されるものとして二元論的な方法概念を採用し（結果のための道具方法論）、ヴィゴツキーの探求（道具と結果の方法論）を斥けた。心理学は、自然科学的見方（行動する種としての人間）と、技術論的メタファー（人間は機械と同様）の組み合わせで人間を理解しようとした。人間を、互いに分離され、環境からも分断された個人とみなすことに魅了されて、心理学者は、個人がいかに「社会化」されるのか、その過程を見出すという課題を作り出した。「内界」と「リアルな外界」の概念化によって、理論を作り、研究戦略を考案し、実際に調査を進めて、「内界」がどのように外化され、「外界」がどのように内化されるかという不可解な問いに答えようとしてきた。

クルト・ダンジガーは、アメリカ心理学がこの１００年余のあいだ、いかに自然科学のイメージのなかで自己を作り上げてきたかについて、長大な著作をものしている。彼の『こころを名づける――心理学はいかにしてその言語を見出したか』は、心理学がその欺瞞的で没歴史的な言説を通して、どのようにその分析単位と概念を作り上げてきたのかを理解する上で、非常に有用である。この本に触れれば、心理学には何も「自然」なことなどなく、作り上げられたものであることがわかる。

心理学的研究は、歴史的ではない、自然を対象とすると想定され、その方法は歴史学ではなく自然科学だと考えられている。心理学は、歴史的に決定された社会現象ではなく、歴史的に不変の自然現象としての認知、知覚、動機づけなどの研究に専念している。（Danziger, 1997, p.9）

「自然科学への憧憬と自己同一視」（Danziger, 1997, p.9）の結果、適切な分析単位は「自然」対象であると心理学者は信じた。こうして心理学は、非自然なものの自然科学という、ヴィゴツキーが解決不能な方法論的困難と呼んだものを「解決」してしまったのである。動物学が動物の生活を研究するように、物理学が物質を、天文学が星々を研究するようにして、心理学は人間を研究することになった。こうしてきわめて容易に、心理学は人間であることのうち、もっとも魅惑的で重要なこと——人間のサブジェクティヴィティー（主体性、主観性：歴史性、社会性、意識と自己反省意識）——を、このような質をもたない対象のために考案された方法を適用するために放棄したのである。サブジェクティヴィティーと意識性は考慮しなくてもよくなり、行動が科学的探求の理想的対象となった。ダンジガーによれば、この新しい心理カテゴリーは、学問の正統性を確保するための鍵となった。行動が心理学を統合し、共通の「科学的」法則と共通言説を与え、それによってあらゆる心理学分野にとって重要で、ありとあらゆる心理学分野に属する現象が存在するとの主張を可能にしたのである。

> 行動は、心理学の主題を定義するためのカテゴリーとなった。問題解決課題での子どもの答え、神経症の大人の症状、迷路で白ネズミが自分の位置を発見するときの反応を説明するとき、心理学者はまったく同じことがら、つまり生体の行動を説明しようとしているのだ。このような多様な現象を統合的に「行動」の事例として分類することは、心理学が統合された説明原理をもつ科学だと主張するための第一歩だった。
>
> (Danziger, 1997, p.86)

自然科学や物理学の後を追うことに魅せられた新しい学問にとって、行動は、分析単位に必要な基準を満たすものだった。それは、測定と定量化が可能であり、何度でも「特定可能」であるから、人間が行なう多様な事象をまとめあげることができる重要因子だと公式に宣言されたのだった。こうして、心理学は行動の学となり、行動は自然に生起する心理学的カテゴリーとなった。

偉大な統合者として、行動は心理学者（加えて普通の人びとも）が世界を眺める視点となった。現代心理学では、暴力と攻撃性の心理学的背景を発見し、暴力・攻撃行動の増加傾向をくいとめようとする。薬物の乱用とその破壊的な影響はアメリカで百万ドルの依存症産業を生み出したが、ここでも心理学の依存行動研究が行なわれている。情報ハイウェーは心理学者に学習行動の再考を促した。アイデンティティの政治学は、ジェンダー、人種、民族そして階層等による集団間のコミュニケーション行動の違いをさらに研究するように迫っている。

しかし、心理学の研究単位として、行動は満足のいくものとは言えない。まず、行動は個人の、そしてグループの社会文化歴史性を無視する。行動は持続的に生成する人間生活の弁証法的活動を曖昧にし、人間が質的変化の担い手であり、同時にその産物である（道具と結果）ことを否定する。行動は人間を本質的に不変なものとしてしまう。これは、日常生活にも科学的証拠にも反している。つまり、私たちは根本的で質的な転換を被るのであり、それでも人間で「あり続ける」のである。

心理学の主題としての行動は、それが、どのように、どこで、いつ、そして誰に対して、社会的、文化的、政治的意味をもつかには何ら関連をもたない基本分析単位である。行動は、人間生活を理解するアプローチである心理学の保守性の大部分を説明する。人間を本質的に、基本的に、そして当り前に、行動する種として理解することは、普遍的な人間の条件として疎外を甘受することである。私は「疎外」ということばを使ったが、これはマルクスが生産物と生産過程の分離、つまり商品について言及したのと同じ意味である。[9] この意味での疎外は、自動車やパンに限られない。現代の西洋文化の正当な見方であり述べ方である。行動は、疎外が支配する文化に対応する完璧な分析単位なのである。この文化では、物的な商品のみならず、人間のあらゆる経験の生産過程が生産物から分離され、（「自然なもの」として）具現化され、（行動として）商品化される。こうして、科学的心理学は、人間の生の転換を発見し創造することにたいしては限定された研究方略となる。行動は、特定の社会的歴史的文化的条件の下で生み出された個別の社会的人間的現象である。決して、「定常不変」のメタカテゴリーではなく、変異する。行動はネットサーフィンやヒッチハイク、心臓手術と同じくらい「自然」でも何でもない（疎外に関する詳細な議論は、Newman & Holzman, 1996/2006と1997を参照）。

活動

活動は行動への代替案の一つである。ヴィゴツキーは行動の用語を捨て去ることはなかったが、彼のメタ心理学的（方法論的）および心理学的著作から明らかなのは、行動の用語で、特定の没歴史的、没社会的、没文化的な動きや行為を意味していないことだ。人間と人間文化（これらは、ヴィゴツキーにとって全体性の不可分の要素だった）の歴史的発達に照明を当てようとする彼の研究で重要なのは、発達とは何か、そして発達をいかに概念化するかだった。どのように、子どもたちは「ここ」から「そこ」へ到達するのか？　発達が持続的プロセスであるなら、どうして定期的に停滞するように見えるのか？　人間文化が集合的に生産されるのなら、個人の経験は幻想なのか？

ヴィゴツキーはマルクスに活動の概念を発見し、それを適用し、拡張した。マルクスの活動概念を理解するには、マルクスにとって人間が社会的存在だということを認めることが不可欠だった。マルクスは、次の主張に明らかなように、個人を社会に対置しなかった。「肝要なのは、抽象的に〝社会〟

を個人と対立するものと仮定しないことだ。個人とは社会的存在なのだ」(Marx, 1967, p.130)。しかし、この主張から、マルクスの考えと著作は二つの方向に重点がおかれていく。哲学者としてのマルクスは、一方の道、ラディカルな社会文化歴史的なヒューマニズム(個人を賛美する人文主義の伝統と混同しないでほしい)を行く。経済学者・社会学者としてのマルクスは、もう一方の、パラダイムとしての唯物論へと進む(後者は政治学や哲学のテクストでは、より身近だろう)。

哲学者としてのマルクス――初期の著作に現れる方法論的マルクス――にとって、活動は、人間の生の、社会的で、弁証法的で、革命的な特性を意味する。それは、次の引用によく示されている。「環境の変化と人間の活動の変化あるいは自己変化は共起するが、それは革命的実践としてのみ表現可能であり、合理的に理解可能となる」(Marx, 1974, p.121)。あるいは「社会が人間を人間として形作ると同時に、社会も人間によって形作られる。活動と精神は内容もさることながら起源も社会的である。それは社会的活動であり、社会的精神なのだ」(Marx, 1967, p.129)。こうして、マルクスにとって、活動は、本質的に社会的で、協働的で、相互反映的で、再構築的であった。人間は「活動する者」として、(自分自身ともに環境も含む)全体性の転換に向けて力を発揮するのである。大かたの心理学者は言わずもがな、マルクスの支持者の多くと異なり、彼にとって主体的なものと社会文化的なもののあいだには何の壁もなかった。世界と私自身の転換は、一つの、同じ革命的課題だった。

後期の、経済学に関わるエンゲルスとの共同著作では、マルクスは活動の革命的で弁証法的な質を強調しなくなった。そのかわり、(俗流と言う向きもあるであろう)唯物論を選び、人間の行動と意識の歴史的な転換における労働の役割を強調するようになった。労働と道具使用を通して、人間は自然を支配し、自己自身も転換するとした。

ヴィゴツキーは、マルクスの活動概念を心理学のメタ理論に導入して、子どもの発達、思考、発話、遊び、創造の研究に広く適用した（ヴィゴツキーはまた、ヘーゲルとエンゲルスにも強く影響を受けている）。そして、マルクスと同様に、ヴィゴツキーの思想と著作にも、二つの方向がある。方法論者として、ヴィゴツキーは、マルクスの方法論に従った。「社会的活動と社会的精神」は彼が切望した非二元論的心理学のための分析単位を構想させた。彼の心理学は、行動主義、内観法、精神分析と異なり、行為と意識の統合を認め、主観的なものと客観的なものの分離を否定した。内容とともに起源としても社会的である活動は、文化的歴史的現象であり、経済的、文化的な生産における転換とともに出現し転換する現象である。それが人間が現在の環境を転換するしかたであり、個人としての、そして種としての発達であり、文化の創造なのである。活動は日常生活者の「方法の探求」と等しく、活動こそが道具と結果をもたらす人間の能力なのである。

人間発達の弁証法としての道具（と結果の）制作をラディカルに主張しつつ、ヴィゴツキーは道具使用について、とくに人間発達における心理学的道具について、詳細に論じている。この部分では、後期マルクスとエンゲルスに倣って、人間が労働を通して世界を能動的に転換し、それに伴って言語と意識を発生させる歴史的プロセスと活動を結びつけた。シンボルシステムと道具と集合的活動が、人間を形成する。つまり社会－文化－歴史的な人間である。ヴィゴツキーは幼児期初期の学習と発達は、言語とその他の心理的道具が組み込まれ使用されることであると主張した。

活動理論と呼ばれる国際的な研究グループにおいて、ヴィゴツキーの仕事は基本中の基本と評価されている。活動理論は一般に、初期のソ連において、マルクス主義にもとづいて生み出されたと認められている。1934年のヴィゴツキーの死後の活動理論の発展は、A・L・レオンチェフを中心に、「道具と結果の制作者」の代わりに「道具使用者」へと方向転換した。これが現在支配的である。さらには活動理論という用語は、マルクス主義つまりソビエトあるいはロシア心理学の専用ではなく、社会文化的あるいは文化歴史的アプローチを包括するものになっている（しかし注意して欲しいのは、活動理論の起源、歴史、現状を、上記とは別のソビエトおよび西欧の伝統に絡めて議論する研究者もいることだ。その論争には、地域と定義に関する緊張が存在する。これについては、Repkin, 2003; Robins & Stetsenko, 2002; Wertsch, 1981 を参照）。活動理論にもとづく心理学者や教育研究者などが行なった現代の研究では、活動は、言語やその他の人工物のような（同様に社会文化的に産出された）道具によって媒介された、（同様に社会文化的に産出された）ニーズと目的によって動機づけられた、社会文化的に産出された人間的行動形態であり、活動によって文化が生産され再生産されると理解されている。

活動に媒介と動機を招き入れたために、これらの研究者たちはヴィゴツキーが逃れようともがいた罠に再びはまってしまった。世界を客観的なリアリティーと主観的な経験に分離するという罠である。というのも、もし（言語を典型とする）文化的道具が自然と自己との、そして他者との関係を媒介するのなら、人びとと世界のあいだに距離があるはずであり、何かが結合するためのリンクあるいは媒介物の役割を果たすことが必要になる。この見方では、学習と発達は、既存の文化を自分のものとし、世界に関する知識を獲得するための道具使用と等しくなる。何が、この情報探索行動の原因だろうか？　答えは？　それは動機であり文化的に作られたニーズと目標である。認知－情動の分離は、未解決のままである。この分離に対するヴィゴツキーの方法論的挑戦、心理学における認知的バイアスの誘惑の認識、方法論に対するラディカルなスタンス、人間の発達へのマルクスの革命的弁証法の適用、これらは抹殺された。この抹殺の結果、ヴィゴツキーの仕事は、ただの心の理論（theory of mind）になってしまった。

存ることと成ること

私はヴィゴツキーの仕事をまったく違ったものと理解している。心の理論ではなく、成ることの理論（theory of becoming）と理解している。彼の発達概念の構想に関するかぎり、それは全体における質的転換に関わっていた。それは存在の状態というよりも生成に関わるものであった。活動によって、心理学は「であるもの」の研究から「生成しつつあるもの」（「であるもの」をもたらす）の研究に移行する基礎が与えられる。人間発達の弁証法的概念（生成の活動）とそれを研究する方法論（道具と結果）を創造しようとするヴィゴツキーの企ては、人間発達の問題の枠組みを、それが本質的にもつパラドクスを引き受けるものへと変更した。すなわち、どのようにして、あるものがそれであると同時に、それでないものでもあるのかというパラドクスである。子どもの学習と発達に関する彼の分析は、現象の完璧な解明ではないにせよ、それに挑む方法論的な洞察を与えてくれる。

ヴィゴツキーは学習（と教授）と発達、そしてその二つの関係の、直線的で因果的な理解を突き破った。彼の諸著作は、学習が発達に依存しそれに従う、あるいは学習と発達は何らかの未知のあり方で関係しているという行き渡った見方に対抗する議論を繰り返し展開している。〔「教育は発達の後追いに限られるものではなく、発達と一歩一歩歩調を揃えて進むと限られているわけでもない。発達の先を行き、発達を引き上げ、新しい関係の布置を引き出すことも可能なのである」（Vygotsky, 1987, p.198）。〕彼は学習と発達を相互作用する別物ではなく、学習が発達を先導する弁証法的関係として概念化した（Vygotsky, 1987）[10]。

ニューマンと私は「学習が先導する発達」を、マルクスの弁証法的活動概念を心理学に導入した、重要な発展だと理解するに至った（Newman & Holzman, 1993）。たとえば、幼い子どもが母語話者になる様子をヴィゴツキーが記述しているが、ニューマンと私は、これを世界に関する知識獲得のための媒介手段をマスターするプロセス（すなわち手段としての道具の使用）とは見ない。発達のための環境と発達そのものを同時に（つまり道具も結果もともに）創造していると理解する。私たちは存ることと成ることとの弁証法がどのようなものであるかを垣間見ているのである。幼児が、自分たちが誰であるかと同時に、誰でないか（どのような人になろうとしているか）に、同時に関わるしかたを見ているのであり、これこそが発達のプロセスなのである。幼児は養育者とともに、発達環境を創造する。その環境が、自分以上のことをなすことを支え、今ある自分でありながら、自分がなりつつあるものへとなることができるのだ。幼児は話し方を知る前に話せるし、幼児に話しかけられることばや周囲の語りの創造的模倣は、完全に受け入れられる。学習のプロセスと学習の生産物は協働で作られる。協働活動を通して、幼児と養育者、兄弟などは、学習が先導する発達環境を創造し、この弁証法の実践を通して、学習と発達の統合体を創造する。

どうやって？ ヴィゴツキーは、それを頭一つの背伸びと記述している（Vygotsky, 1978, p.102）。ニューマンと私は、これを演劇的な意味で、パフォーマンスと呼んでいる（Newman & Holzman, 1996/2006, 1997）。このようなパフォーマンスは、幼児のごっこ遊びに似ている。ごっこ遊びで、子どもたちは、自分たちになじみのことがらを演じると同時に、彼らの能力を超えた、まったく新しいことがらを演じるのである。そして一日中やっても飽きもしない。また、私たちは、幼児がやり方を知らなくても、幼児が能力を超えて話をし、お絵描きをし、絵本を読むにまかせるのである。このような遊びのパフォーマンスとパフォーマンスする空間は、発達と学習にとって非常に重要である。そしてこれは、幼児期ばかりでなく、大人にとっても重要である。

このように考えると、発達は、自分でない人物をパフォーマンスすることで、自分が何者かであるかを創造する活動となる。これはソロではなくアンサンブルのパフォーマンスである。ヴィゴツキーの発達の最近接領域は、能力の領域ではないし、社会的足場掛けでもない。パフォーマンスの空間であり、同時にパフォーマンスが作る活動でもあるのだ（Holzman, 1997a; Newman & Holzman, 1993）。

以上は、パラダイム主義にもとづく心理学の概念と言語を理解し突破しようとしてきた私の格闘から生まれた、ヴィゴツキーに関する、まだ完全ではない短い要約である。後続の章で、私の仲間たちの実践やプログラムを紹介しながら、これまで述べてきたことを具体的に論じ、それらに現れている私のヴィゴツキー理解を読者と共有したい。そのなかで、パラダイム、パラダイムシフト、認知的バイアスに立ち返ることになるだろう。冒頭で私はパラダイムシフトに関心はなく、むしろパラダイム主義からの決別に関心があると述べた。しかし、別種のパラダイムを提示しただけではないのか？

答えはイエスでもありノーでもある。パラダイムを構築しあるいは変換することが、新しい生の形態とパフォーマンスを創造する人びとを集団にまとめる非パラダイム的活動と不可分であるならば、イエスである。新しい見方が新しい生のあり方と結びついて現れるのなら、イエスである。しかし、これはパラダイムとパラダイムシフトの通常の理解ではない。パラダイムは結局、認知主義である。それは、行為よりも思考を優先する。それは行為の案内人である。結果のための道具の、洗練された形態なのである。

物理的心理的に、道具を実利目的のために使用する能力は、偉大な科学的発見であり人類の発展であった。航海術と世界の探検（それに伴う搾取）、大量生産と産業資本主義、病気の発見と救命治療の発展、デカルトのコギト、学習の制度化、蒸気機関、電力、自動車、飛行機、宇宙旅行、ゲシュタルト心理学、ピアジェ理論、サイバネティクスなどなど、16世紀後半から20世紀半ばまでの偉業のリストはこれに尽きるものではない。しかしマルクスに耳を傾けることで、人間の活動と精神は、特定の歴史的条件の下で発達する社会的現象だとわかる。ダンジガーを思い出そう、発見とその言説は常に状況に埋め込まれている。ヴィゴツキーのことばを借りれば、科学革命は、歴史が提起した特定の課題だけを解決する。しかし、歴史はまた別の課題も生み出すのであり、この21世紀の初頭にあって、手持ちの手段的道具では解決できないことが明らかとなった。

ヴィゴツキーは、科学実践の非パラダイム主義を強く主張することはなかった。しかしながら、彼は人間が既存の道具使用以上のことをなし、新しい道具を制作し知識を獲得する——そして獲得しなければならない——ことを理解していた。彼は、人間が弁証法を実践することも発見した。つまり人間は、自分たちを制約する環境を作りなおし、何者かになろうとパフォーマンスし、文化を創造し、世界を転換するのである。この活動の「産物」は結果ではなく、「プロセスと産物」、つまり道具と結果の統合体の一部なのである。

第2章　ヴィゴツキーとセラピー —— 情動発達の領域を作り出す

考慮すべきは事態の存在論的あり方ではなく、言説の存在論的コミットである。存在するものは概して言語の使用には依存しないが、そこに存在すると言明することは言語の使用に依存する。

（W・V・O・クワイン『論理的観点から』強調を付加。Quine, 1961, p.103）

私が心理学を学んだのは、言語とは何か、それがどう働くかを理解したかったからである。心理療法を学んだのは、世界を変えたいと望んだからだ。心理学と心理療法が出会うことで、これら二つの理解も変化した。

私の学生時代の心理学は認知に偏っており、情動について考えたり読んだりしたことはない。子ども時代と思春期も含めて、知り合いに心理療法に関わった人はいないと思う。大学時代に少し心理療法を学んだが、興味はわかなかった。感情を自分で説明したり解釈できれば、感情を変えられるという心理療法の公約は、ナンセンスに思えたからである。さらには、学部時代は英語学と文学を学び、大学院では言語学と発達心理学のトレーニングを受け、認知課題としての会話、問題解決、読み書きを研究した。私の受けた教育において、認知と情動の分離は、公然と教えられたというよりも、いわゆる隠れたカリキュラムだった。

情動に対する興味をかき立てたのは、マルクス主義と精神疾患に関する講義であった。講義したフレド・ニューマンも、私同様に心理療法には懐疑的であったが、遥かに多くのことを考えていて経験も豊かだった。彼の経済学、資本主義、自我論、労働階級論、科学、イデオロギー、精神と言語に触れながら、マルクス、フロイト、スキナーや現代の思想家であるチョムスキーやゴッフマンを取り上げる講義は、心理療法と政治との多様な関連を描き出すもので、私は魅了された。

ニューマンと仕事をするようになって、彼の心理療法批判の背景を学び、発展に取り組んでいたソーシャルセラピーが心理療法批判への答えであり、そして彼の政治的積極行動主義の一部だということが理解できた。このセラピーの初期には、60年代スタイルの、明からさまに政治的にラディカルなセラピーだった。資本主義が人びとを情動的に「病い」にし、ソーシャルセラピーはより進歩的政治のツールとなるという考え方だった。当時の他のラディカルなセラピー（たとえば反精神医学、フェミニスト、ゲイ、反人種差別）と同じく、伝統的心理療法に潜む、性差別、人種差別、階級差別、そして同性愛差別に取り組んだ。

しかしソーシャルセラピーは、政治的にラディカルであると同時に、哲学的にも科学的にもそうであった。ニューマンの政治的な動機が、ソーシャルセラピーのレゾンデートルだった。同時に、彼の科学と言語の哲学、数学基礎論（そして後には、マルクスの弁証法）がソーシャルセラピーの発展の源だった。ニューマンは、心理療法のいわゆる公約や主要な概念化を拒絶した。説明、解釈、セラピストと患者がともに探求する内的生活の概念、その他の二元論的で疑わしい概念である。だが彼は同時に、１９６０年代後半にセラピーを始めたとき、セラピーがたいへん役立つことも実感したのだった。彼はこの経験が、誤った前提にもとづくセラピーが実際には役に立つ、という矛盾と取り組むことになったと語っている（Newman, 1999）。彼は内的自己など信じなかったが、あなたの内的生活はあなたの実践が作るのだとセラピーで語ることは、ニューマンにとって多いに役立ったのである。内的生活の存在を認めないが、役に立つということはどうやって可能なのか、大いに頭を悩ませた。答えのないままに、ニューマンはセラピーを続け、通常期待される内的自己を深く探求するのを助けたり、患者の問題を診断することなく、そして子ども時代を分析したり現在の生活を解釈したりすることなく、情動の痛みを経験する人びとを助けようとした。

内的生活の概念を拒絶すると同時に、哲学からマルクス主義までに潜む、西欧文化の（経済学、心理学、心理療法を含む）個人主義的バイアス、とくに、全体性と個別的なものの概念を、哲学的、マルクス主義的視点から批判した。ニューマンによれば、孤立した個人を創造し賛美する心理学は、個別的なものが「実在」であり、全体性を抽象とみなす哲学的信念にもとづいている。情動を孤立した個体の心的状態とする考えは、世界の成り立ちに関する誤った概念の一つにすぎない。そしてこの誤った概念が、人びとの情動的痛みの背景なのである（Newman & Holzman, 1996/2006）。それゆえセラピーで支援することは、患者が情動を個人的な精神状態ではないものに、そして彼ら自身を「個体」を超えたものに結びつけるよう挑戦させることである。心理療法の集合的あり方は、1対1の（個人主義的）セラピーよりも、このようなチャンレジをするよりよい環境となる可能性をもっている。グループは出発点であり、今日まで30年以上にわたってソーシャルセラピーの主要な組織形態であり続けている。

ほとんどの集団療法では、集団は情動的問題をもつ個人を援助する治療者の背景でしかない。ソーシャルセラピーではグループ――個々のメンバーではなく――がセラピーの単位となる。ソーシャルセラピー・グループを構成する患者は、ある課題を与えられる。患者たちが互いに支援を受けられるグループを創造するという課題である。このようにグループ活動を強調することは、従来のセラピーの前提への集合的で実践的な挑戦となる。従来、セラピーは、問題をもち、内的自己をもつ個人として自分や他者につながることで支援を受けるという前提に立っている。このような（自分の感情の他には何も生起していないと言わんばかりの）個人が宇宙の中心だという感覚に効果的に挑戦できるのは、グループしかない。[1]

私は、ニューマンと他の十数人と一緒に、正式に仕事を始め、独立系のセラピー研究トレーニングセンターを設立した。当時仲間だったのは、ソーシャルワーカー、コミュニティ活動家、社会科学の大学院生たちであった。1979年に、ニューヨーク・ソーシャルセラピー・インスティチュート（New York Institute for Social Therapy）を開設した（数年後には、「ニューヨーク」を外した）。その後

10年間、この組織は、数々の実験的なプロジェクトと活動のための孵卵器となった。ソーシャルセラピーの方法論の開発、学校教育とその誤った学習方法に関わる政治アジェンダ、貧困層の若者の未発達問題、文化とくに劇場文化の役割に関するプロジェクトを行なった。これらのプロジェクトはしだいに発展し、法的にも財政的にもそれぞれ独立した組織となった。プロジェクトの生みの親であるインスティチュートは、のちに非営利の研究・教育センターであるイーストサイド・グループおよび短期心理療法インスティチュート（East Side Institute for Group & Short Term Psychotherapy）に発展した。これらのプロジェクトと組織は、今では発達するコミュニティとして、アメリカ全土と世界に広がって活動を続けている[2]。

この時期、ソーシャルセラピーを発展させプロジェクトと組織を構築するために、私が読んでいたのは、ヴィゴツキーの『社会の中の精神（*Mind in Society*）』である。これは、コール、ジョン－スタイナー、スクリブナーとソーバーマンの4人が編集したヴィゴツキーの論文のアンソロジーで、1978年に出版された（Vygotsky, 1978）。歴史が示すように、心理学者や教育家にヴィゴツキーの革命的な科学的才能に、とまではいかずとも、彼への注目を喚起したのは、この小さな本であった。この本のタイトルには、ヴィゴツキーの考え方がよく示されている。通常精神の「内部で」行なわれると想定されている精神とその過程、機能（概念化、問題解決、思考、会話、創造などなど）は、そもそも社会現象だというのである。高次精神過程は、それぞれの時代と文化に特異的なやり方で歴史的に発達するが、まずは人びとが従事する活動のなかで、「精神間」的に、すなわち社会的に発生する。やがてこのような社会的相互作用によって「精神内」のものとなり、個人の能力、スキル、経験のレパートリーとなる。

これはまた、過剰に認知的に規定されたヴィゴツキーである。この本には、情動についての論文も、情動 - 認知の分離の橋渡しとなる論文も収められてはおらず、編者は高次精神過程を認知と同じと見ている。たとえば、人間と動物の違いに関するヴィゴツキーの見解を解説して、ジョン - スタイナーとソーバーマンは次のように述べている。「高次精神機能の発達において、すなわち知識の内化過程において、人間の社会的存在の特殊性が人間の認知に反映される」(John-Steiner & Souberman, 1978, p.132)。ヴィゴツキーの考え方は、新しい認知理論として熱狂的に受け止められたのだった。私は、この本や編者を批判しようと述べているのではない。彼らは、当時の主流だった認知・学習研究に対する批判に没頭していた。ただ私は、ヴィゴツキーがしだいに流行するなかでの、そして私自身のヴィゴツキー理解の旅のなかでの、この本の歴史的位置を確認したいだけなのだ。私の旅には、コールの革新的なラボ、当時ロックフェラー大学にあった比較人間認知研究所(Laboratory of Comparative Human Cognition)も含まれている。私は1976年から1979年までここに所属していた。このラボは新しい認知理論を支持するものとして、ヴィゴツキーの学習と発達が社会文化的であるという非二元論的な概念に飛びついた。しかしヴィゴツキーの認知と情動の脱二元論化の試みについては気づかずじまいだった。

従来心理研究の基礎となっていた、内界と外界、心理的なものと社会的なもの、子どもと環境の分裂に違和を感じていた私は、ヴィゴツキーの定式化に熱中したが、それはロックフェラー大学の研究所においてであった。私たちが直面していた中心的な問題は、認知心理学の実験的手法の妥当性であった（Cole, Hood, & McDermott, 1978）。もし実験室（あるいは実験室の結果を再現するようデザインされた実験条件下）で、ある結果や理論が生まれたなら、それは日常生活に適用できるのか？　言い換えれば「生態学的妥当性」があるのか？　もしないなら、どうやって心理学的に妥当な方法論を作れるのか？（文化心理学のアジェンダ全般に関する生態学的妥当性問題とロックフェラー大学の役割については、Cole, 1996 の第８章、とくに２２２頁から２５８頁を参照。）

私たちは、実験室を、単なる物理的環境ではなく、方法論だと考えた。日常の生活環境で行なわれる自然観察研究は、心理実験室で行なわれる研究仮説・方法論に支配されていると私たちは考えた。逆に、実験中実験室で起こることの大部分は日常場面で起こることであるが、実験室方法論がそれを許さないため、無視される。当時の私たちの研究のねらいは、子どもたちの学習と発達の研究方法を支配する、強固な実験室研究のバイアスをただ暴くだけではなかった。新しい生態学的に妥当な研究実践を創造することをねらっていた。「方法の探求」である。究極的には、私たちのねらいは、米国の学校教育の不平等と不適切さに、積極的に影響を与えることであった。

一つのプロジェクトで、８歳から10歳の子どもたちとさまざまな学校、学校外の状況で、想起、問題解決、読み、推論などの認知行為が、それぞれの状況間で類似性や相違を見せるかどうかを、子どもたちと相互作用しながら観察した。このプロジェクトについて「一般の人」に話すときには、「路上で賢い子どもたちが、なぜ教室ではおバカになるのか」を知りたいのだと説明したものである。学校外で子どもを観察すれば、学校的、テスト的課題を見ることはほとんどないし、子どもが一人で何かをすることもまったくと言ってよいほどない。「認知課題は不可視」（Cole, 1996, p.246）なのである。学校外では、子どもたちは協働して問題解決し、協働で想起するのであって、個別に行なうことはない。学校で苦労する子どもたちも、学校外では認知的、情動的な困難が見られなかった。その代わりに、多数の人びとと制度が関わる、非常に複雑な、社会的に構成された文化的場面を見たのだった。私たちは、児童期半ばの子どもたちの高次精神機能が「精神間的であること」の証拠を見つけていたのだ。私たちは、認知は社会的で文化的な達成であって、人びとが世界に働きかけるために集合的に環境を構築するプロセスを通して発現する、と結論づけた。認知は個々の人びとの頭の中にではなく、「人びとと環境の接面」にあるのだ（Cole, Hood & McDermott, 1978）。学習障害は、人びとの行なう相互行為や協働活動を離れてその外には存在せず、そうした行為や活動が、意図的かどうかはともかく、障害としてみなされる「ディスプレイ」を作り上げると結論した（Hood, McDermott & Cole, 1980; McDermott & Hood, 1982）。生態学的に妥当な心理学は、このような方法を採用しなければならず、これらの知見や結論を考慮に入れる必要がある（この研究に関する議論は、Cole, 1996 を参照[3]）。

この「人びとが世界に働きかけるために集合的に環境を構築する」という考え方は、ヴィゴツキーを認知心理学者として読んで発見したものであり、彼のアイディアを認知研究に適用／発展させたものだが、私はこれを、ソーシャルセラピー実践の研究を通して、心理療法と情動性の問題に持ち込んだのである。認知と情動の統合へ至る私の旅路は、発達の最近接領域を通過する必要があった。

ヴィゴツキーの発達の最近接領域とソーシャルセラピーにおける情動発達領域

ヴィゴツキーの発達の最近接領域（米国では'zpd'と省略され、'zoped'と呼ぶところもある）[4]は、現在のヴィゴツキー研究者のあいだでは、世界への働きかけを可能にする環境であるとされる。問題は、それがどのようにして集合的に構成されるかである。

ヴィゴツキーは、学習が発達の後を追うのではなく先導するような、学習と発達の弁証法的統合を強調するために、この概念を作った（Vygotsky, 1978, 1987）。学習が発達の後を追い、発達に依存するという見方を拒否し、伝統的教授実践と教育評価実践を批判するのに、ｚｐｄは重要な役割を果たした（「教授は、既に発達過程で既に成熟したものを利用するだけだったら、また教授自体が発達の資源でないなら、まったく不要であろう。」Vygotsky, 1987, p.212）。さらに、ヴィゴツキーにとってｚｐｄは、学習と発達における模倣の役割をまったく新しく見直す契機となった。

今日のヴィゴツキー研究者は、ときどき、ヴィゴツキーがｚｐｄを導入した文脈や、ｚｐｄで何を言おうとしたのかを踏み越えて議論してしまう。このような議論は、とりわけ一群の論文が異なる時期に読めるようになった場合には、あらゆる学問領域に見られるが、ヴィゴツキーに特殊なのは、同じ著作の翻訳が複数あり、しかも翻訳間に大きな違いがあることである。ヴィゴツキーの考えを歴史的に位置づけようとする論文で、グリックは、異なる時期に出版された英語版ヴィゴツキー著作集がそれぞれ異なるヴィゴツキー像を提示しており、zpdの解釈が異なっていると指摘している（Glick, 2004）。これが、zpd理解とそれに伴う研究事項の多様性の背景にあることはまちがいない。

一つのzpd理解は、個々の子どもの性質や特性であるとする理解である。これは以下のようなヴィゴツキー自身のテクストから発したのだろう。

> 心理学者は既に成熟した機能だけを分析してはならない。成熟しつつある機能を考慮しなければならない。子どもの発達を十分に評価しようとするなら、実際の発達水準のみならず、発達の最近接領域も考慮しなくてはならない。
>
> （Vygotsky, 1987, pp.208-209. 強調は原文通り）

この主張を、子どもの能力評価として捉える（つまりzpdを子どもの潜在能力の指標、あるいは指標につながるものと捉える）教育研究者のなかには、個々の子どもの能力を測定・評価する、今までとは違う方法の考案に向かった者もいた（たとえば、Allal & Pelgrims, 2000; Lantoff, 2000; Lids & Gindis, 2003; Newman, Griffin & Cole, 1989; Tharp & Gallimore, 1988）。

他の文章でヴィゴツキーは、「学習が先導する発達」が社会的であることについての議論の一部として、ならびに、子どもの生活における共同活動と協働の役割を論じるなかで、zpdについて書いている。

私たちが発達の最近接領域と呼ぶものは…個人で問題解決する現在の発達の水準と、指導者がいたり、より有能な仲間と協働で問題解決するときに現れる潜在的水準との差分である。（Vygotsky, 1978, p.86）

この「より有能な」という表現から、研究者のなかには、ｚｐｄを何らかの教育支援として理解するものも現れ、義足（Shotter, 1989 や Wertsch, 1991）、足場掛け（Wood, Bruner & Ross, 1976）などの言い方をした。このアイディアは流行し、大学の教科書では、足場掛けがｚｐｄと同じであり、両方ともヴィゴツキーの概念だとされている（たとえば、Berk & Winsler, 1995; MacNaughton & Williams, 1998; Wood & Attfield, 1996）。さらに、この視点を採用する教育研究（たくさんある）のほとんどは、「支援」を与えるのは認知的により有能な個人だとし、たいていの場合（「素人」の子どもに対して「熟達者」とされる）大人であるとされる。これは、ヴィゴツキーが「仲間」ということばを用いていることをまったく無視している。

同様に、たびたび引用される以下の文章では、「社会的レベル」と「精神間」は、しばしば二者関係に還元されてしまう。

子どもの文化的発達においては、どの機能も、二度現れる。一度は、社会レベルであり、後に、個人レベルで現れる。一度目は、人びとのあいだで（精神間で）、そして次に子どもの内部で（精神内で）現れる。このことは等しくすべての、意図的注意、論理記憶、概念形成に言える。すべての高次精神機能は最初、人びとのあいだの現実の関係性として出現する。（Vygotsky, 1978, p.57. 強調は原文通り）

他の文章でヴィゴツキーは、学習と発達の社会性が集合的であることを強調している。ｚｐｄは二者関係に限定されるものでも基本的に二者関係であるのでもなく、ｚｐｄにとって鍵となるのは、人びとと一緒に何かをすることなのである。たとえばヴィゴツキーはこう述べている。「学習はさまざまな内的プロセスを目覚めさせるが、このプロセスは環境の中にいる人びとと子どもたちが相互作用し、同輩と協力するときにだけ働くのである」（Vygotsky, 1978, p.90: Vygotsky, 1994a も参照）。

学習が先導する発達が協働活動を必須条件とすることは、同時に障害児研究においても最重要命題であった。障害関連の著作で（英語版では、*Fundamentals of Defectology* として選集が１９９３年に出版された）、発達遅滞、視覚障害、聴覚障害などをもつ子どもたちに発達は見込めないとみなしてはならず、分離して同種の障害児だけがいる学校においてはならないと論じている。ヴィゴツキーは、（暗記ではない）質的転換としての学習は、集合的な達成である、つまり、「〝ともに実践する〟集合形態」であることを明確にした。これは「障害児の発達の必須条件としての集合性」（Vygotsky, 2004a, p.202）と題する論文で提案されている。この論文では、社会的あるいは（上述の）精神間レベルの発達を、「協働・協調活動としての集合的な行動の機能」と特徴づけている（p.202）。

「ともに実践する集合形態」としてのzpdというアイディアは、ヴィゴツキーの概念の理論的重要性と実践可能性を大いに拡大した。学習が先導する発達は集合的に創造されるとヴィゴツキーは述べているのだ。これは、zpdを時空間的な実体というよりもプロセスとして、現実の領域や空間、距離というよりも活動として理解するとき、より有用になると示唆している。第1章で使ったことばで言えば、私にとってzpdは、道具と結果の弁証法的活動であり、ゾーン（環境）を作ることであると同時に、創造されるものでもある（学習が先導する発達）。ともに実践することのこのような新しい理解は、認知プロセスや幼児期と児童期に限られるものではなく、あらゆる状況、そして生涯発達に適用可能であると信じている。

だが最近のヴィゴツキー研究でも、zpdは創造的な集合活動というよりも、二者間の支援関係とみなされている。私の考え方との違いを生み出す要因は複雑だが、その一つは、私がzpdをセラピーの観点から見ており、グループセラピーという場が重要だと思っていることもあるだろう。[5]私はソーシャルセラピーの内部参加者でもあり研究者でもあるから、情動を無視することはできないし、セラピーグループで起こることに簡単に認知的解釈をするわけにはいかない。心理学における認知と情動の分断を押し付けないやり方を学んだのだ。マルクスとニューマンの影響を受けた発達心理学者として、ソーシャルセラピーは、集合的に、ともに実践する人びとのグループであり、「情動の領域」を作り出しているのであり、それが彼らの新しい情動性なのである（彼らの学習が先導する発達）。この種の活動が知識の獲得のために組織された学校などの環境で「観察可能」であるとは思えない（第

４章で議論するが、ソーシャルセラピーで情動的なｚｐｄが生まれるのを見ることは、教育環境におけるｚｐｄの再吟味にとって非常に重要であった）。

ｚｐｄの集合的な創造は、人間生活の弁証法（「存ること」と「成ること」の弁証法）を示している。それは、人びととつながることが、やり方をまだ知らないことも可能にし、自分たちにできること以上のことが可能になるようにすることを意味する（ヴィゴツキーが「子どもが可能なところから、可能でないところに移行させる子どもの潜在能力」と記述するものに似ている。Vygotsky, 1987, p.212）。ヴィゴツキーは、幼児や障害児においてこれがどういうものであるかを記述している。私はソーシャルセラピー・グループで同じプロセスを見ている。どちらの場合も、普通の人びとは環境を作り上げる創造的な方法論を使って、自分自身との、仲間との、（モノ的な、また心理的な）道具との、そして世界の事物との関係性を組織化し再組織化する。彼らは、生成を可能にする「領域」を構成するのだ（子どもと養育者の場合に意識的努力はないが、セラピーのグループでは、相当の意識的努力が必要となる）。

創造的な模倣とパフォーマンス

ヴィゴツキーによれば、「発達の最近接領域の考えを完全に理解するには、学習における模倣の役割を再評価しなければならない」（1978, p.87）。彼は、「伝統的心理学と人びとの日常意識に根強い」

機械的模倣観、およびそこから引き出された個体主義バイアスのかかった推論、たとえば「子どもは何でも模倣できる」とか「ただの模倣からは人の心について何もわからない」(1978, p.87)という見方を信用しなかった。彼にとって、模倣は能動的で創造的で基本的に社会的プロセスであり、zpdを作る上で本質的なのだ。子どもは、オウムのように何でもかんでも模倣しはしない。むしろ環境／関係の中にある、彼らを超えたものを模倣する。これまで用いてきたことばで言えば、日常生活の相互作用のなかで他者を創造的に模倣することは――たとえば、他の人が言うことを真似したり、音楽に合わせて動いたり、鉛筆をとって「書いたり」は――話者、ダンサー、作家、学習者、そして人間としてパフォーマンスすることであり、他者につながれているものとして自己に関わることなのだ。こうして、子どもたちは、集合的活動においてたくさんのことが可能になる。

ヴィゴツキーの言語学習のzpdの分析(『思考と言語』)は、今まさに動いている創造的模倣のすばらしい例である。彼は、赤ちゃんは制度化された学習と教授に典型的な、認知的で獲得的で伝達的なやり方で言語を学ぶのではないし教えられることもないと指摘した。赤ちゃんは、家族(コミュニティ、グループ)の社会生活をつなぎ、変換してゆく不可欠の要素となりながら、話し手、ことばの作り手、言語の使い手として発達する。赤ちゃんが片言を始めるとき、一緒に会話する周囲の人びとのおかげで、話し方を知らないのに話しているのだ。母親、父親、祖父母、兄弟たちは、赤ちゃんにあなたはまだ小さすぎるとか言わないし、修正もしないし、文法書や辞書を渡すこともない。ましてや周りで黙って見ているだけということなどありえない。むしろ、赤ちゃんが「自然に」できることを遥かに超えて有能であるかのように、話しかけるのである。彼らは赤ちゃんが、話し相手、通じあえる相手、考える人、意味を作り出す者であるかのように話しかける。これが、自分ではまだできないことを幼児に可能にしているのだ。片言の赤ちゃんの最初のことばは、より発達した話し手の発話の創造的模倣である。同時に、より発達した話し手は、赤ちゃんのことばを「完成」させ「会話」が続いてゆく。

私は、創造的模倣はパフォーマンスの一つのタイプだと思う。言語学習のzpdにおいて、このように言語と遊びながら、赤ちゃんは自分自身をパフォーマンスし、生成している。演劇的な意味で、「自分でありながら」「他者」を招き入れることで、舞台で何か新しいものを作り上げる。この場合には、新しい話し手として、舞台の登場人物となる。話したり意味を作る能力は、日常の「非自然的」行為をパフォーマンスする活動のなかで、話し手の環境全体（生の社会文化的形態）を転換することと不可分に結びついている。[6]

創造的模倣をパフォーマンスに結びつけ、パフォーマンスを発達としての存ること／成ることとの弁証法に結びつけたことは、一見ヴィゴツキーから逸脱したように見えるかもしれないが、ルーツは確かにヴィゴツキーの著作にある。私の場合、ヴィゴツキーの遊び論（Vygotsky, 1978, pp.92-104）から創造の種をもらった。この論文で、遊びのzpdでは「子どもの最大限の能力が可能となる、つまり明日実際の行為と道徳性の基礎レベルとなるものが、今日遊びのなかで可能となる」（Vygotsky, 1978, p.102）と述べている。さらにヴィゴツキーは、遊びを、話すことと考えること、学校での教授、想像、概念、記憶、人格の発達といった多様なトピックに関連づけている。

英語版の選集第4巻に掲載された論文〔「結論：さらなる研究 ―― 子どもにおける人格と世界の見方の発達（Conclusion: further research; development of personality and world view in the child）」, Vygotsky, 1997b〕は、私がパフォーマンスと発達について述べることととりわけ関連が深い。幼児期初期の遊びを人格と世界観の形成に結びつけて、ヴィゴツキーは就学前の子どもたちが「自分自身でいるのと同じくらい簡単に他人になれてしまう」（p.249）と述べている。これは子どもが「わたし」であるとの認識をもたないからだとして、ヴィゴツキーは幼児期後期に人格と遊びがどのように転換するかに論を進めている。ヴィゴツキーはこの転換の負の側面を指摘していないが、彼の幼児のパフォーマンス能力への鋭い洞察は、ソーシャルセラピーと発展途上の生成の心理学の発達にとって有益である。

私の理解では、私たちの文化の負の側面は、子どもたちが文化的社会的な適応へとパフォーマンスしていくにしたがって、持続的な発達の潜在能力がだんだん制約されてしまうことである。パフォーマンスを通して学習したことが、しだいに定型化され固定化されていく。中学校（非常に稀なケースでのみ、zpdとして機能する）に行くころには、子どもたちは一定の役割を演じるスキルが向上し、新しいパフォーマンスを創造する（つまり発達する）ことができなくなってしまう。大人になるころには、大方の人は「こういう人物」としてのアイデンティティを確立して、一定のことを（一定のしかたで）し、一定のやり方で感じる人物になってしまう。他のやり方は「自分であること」にとって「正しく」ないものになってしまう。これが、人びとがセラピーに持ち込むアイデンティティの正体である。

長いことソーシャルセラピー実践を研究してきた私は、セラピーが、幼児のパフォーマンス能力に関するヴィゴツキーの観察をラディカルに拡張することだと思うようになった。他の誰かのようにパフォーマンスする（自分でありかつ自分以外の者でもある）ことは、発達の源泉である。ヴィゴツキーにとってそれは、「私」以前の、文化的に形作られ固定されたアイデンティティが作られる前の時期における源泉であるが、ニューマンにとっては、生涯にわたる発達の源泉である。ソーシャルセラピーの方法論は、この人間の能力を意識的に再活性化させるよう発展させたもので、これがソーシャルセラピーが役に立つ大きな理由だと思う。

劇場自体も、セラピーで人びとと関わるもう一つの源泉であり、実際、どこにいようと人は、生活における アンサンブル・パフォーマーなのである。ニューマンは、1980年代半ば、ソーシャルセラピーの実践に加えて、戯曲を書き、舞台を演出し始めた。彼は劇を作り上げることは、それに関わる誰しもにとって発達を促すものであることを発見し、演劇とセラピーの関係、とくにグループ作りという課題に取り組む患者たちと、舞台上のアンサンブル作りをする俳優たちが行なうこととの類似性に焦点を合わせて研究し始めた。イーストサイド・インスティチュートの二つの週末の研修グループが、劇場とセラピーをどう結びつけるかの実験の機会となった。ニューマンは一つ目の研修を「遊び《プレイ》はセラピーである —— パフォーマンスを通した情動の成長」と題した。200人を超える人びと（援助専門家と患者の混合）が、一連の即興パフォーマンスのワークショップに参加し、ときに全体で活動したり、ときには少人数グループに分かれて別個の寸劇を作った。最後に次々と即興が重ねられていくコメディに集約された。6ヶ月後に行なわれたもう一つの研修で、ニューマンは参加者に、それぞれ1分間で自分の人生をパフォーマンスするよう求めた。これらのパフォーマンスの後、ニューマンとワークショップ指導者が参加者に演出上の助言を与え、参加者はそれぞれに助言を参考にして、さらに30秒間パフォーマンスするように求められた。これらの人生のパフォーマンスと参加者が演じたペルソナにもとづいて、参加者をグループ分けして即興場面を作り上げた。ここでもまた、即興演劇的なアンサンブルとなった。1分間のパフォーマンスは、パフォーマンス・オブ・ライフタイム（Performance of a Lifetime: POAL）と呼ばれる、演劇をベースにした組織経営幹部向けの教育コンサルテーション会社の代表的実習となった（第5章で取り上げる）。

参加者は、口々に、この経験がたいへんセラピー的だったと述べた。ニューマンは、全面的に創造的な演劇プロセスにフォーカスしたこの活動が、彼の信じるセラピーのあるべき姿に添う、情動の発達を促すものだと感じた。普通の大人がパフォーマンスできる環境（つまり舞台）を創造すること——私たちの文化では、通常幼児とプロの俳優にしか認められない——は、人びとがパフォーマンスできるということを発見する機会となった。この「アハー」体験は、新しい活動である。認知的でも情動的でもなく、ソーシャルセラピーの意味で治療的なのだ。

それ以来、パフォーマンスは、方法論的な意味でソーシャルセラピーの表舞台に立ったのである。ニューマンは、セラピーセッションをセラピー演劇／遊びに関係づけ、患者たちはパフォーマンスするアンサンブルとなった。患者たちはセラピストの助けを得て、毎回のセラピーで新しい演劇／遊び《プレイ》を作りながら、自分たちが情動的成長の集団的な創造者であることを経験していった（Holzman & Mendez, 2003; Newman, 1996）[7]。さらに、私とニューマンは、仲間たちが、学習の（認知的ではない）パフォーマンスモデルを推進する若者と大人向けの教育文化的プロジェクトの開発を援助した。これらのプロジェクトのいくつかについては、のちに論じる。

百万年ほど前、私たちの祖先（まだホモサピエンスではない）が直立したと考えられている。また、10万年前くらいに、私たちの祖先ホモエレクトゥスは、「サピエン（知恵）」と呼ぶにふさわしい知的な技も可能にする脳構造と大きな脳を発達させていたと考えられている。人間がなし遂げたことのほぼすべては、進化論的に、この二つの質的な転換に発すると考えられている。一つ目の「直立姿勢」についてはとくに言うことはない。二番目の「認知的姿勢」、お望みなら認知的構え（認知的バイアス）と言ってもよいが、これこそが、ソーシャルセラピーが挑戦するところなのだ。

認知とは知識を指す。認知的姿勢は、知識の追究と蓄積こそが人間固有の能力だとする見方である。認知的構えということばで私が意味したいのは、知的能力への賛美と、知的産物、知識が今日の世界で権威としての役割を果たしていることだ。「我考える、故に我あり」は、過去、現在、未来のすべてにわたって真なのではなく、文化歴史的な状況に埋め込まれている信念にすぎない。既にその適切性も有用性もなくなっているのではないだろうか？　ヴィゴツキーの方法の探求に影響され、私たち二人の異なる指向性を統合することで、私とニューマンは、パフォーマンスを、人間の発達のプロセスと産物の両方に関する、新しい存在原理（オントロジー）と見るようになった。人びとはそもそもパフォーマンスする人であり、考える人や知る人ではないのだ。

個人と集団

既に述べたが、ソーシャルセラピーはグループセラピーである。このことは「個人」セラピーにも当てはまる。二人のグループだからだ。通常、ソーシャルセラピーに来た患者は、まずはしばらくのあいだ、二人グループで活動し、その後、より大人数のグループに移る。大人数のグループは、通常10人から25人で構成され、性別、年齢、民族背景、セクシャリティー、階層背景、経済的地位、職業、「抱える問題」などが異なる人びとの混成である。この混成状況で、人びとの固定したアイデンティティという考えが揺さぶられる。性別や民族背景等のカテゴリーや診断名など、端的に「私はそういうタイプ」というアイデンティティが揺さぶられるのである。それ以上に、参加者が多様であればあるほど、よりたくさんの、創造のための素材が得られるというものだ。ほとんどのグループはずっと継続し（ソーシャルセラピストはときおり、時限的グループを作ることもある）、毎週90分間のセッションを行なう。もう何年も参加している人もいれば、数ヶ月の人もいる。去る人もいれば新たに参加する人もいる。セラピーのｚｐｄを構成する人びとは、常に変化する。

普通、セラピーに参加する人びとは、どんなグループ状況に入る場合もそうであるように、個人化されている。私たちの文化では個人化された学習と発達のモデルによって社会化されているので、これは頷けることだ。「昨日の晩、母親とすごいやり合っちゃったんです。昨日はすごく腹が立って……今ほんとにどうしていいかわからないんです」「まったく頭にきて、自分がここにいないような。それがすごく怖くて」というようなことを患者は言う。彼らは、セラピストにアドバイスや解決、解釈、説明（あるいはポストモダン・セラピーでは、自分をよりよく理解するための共同作業におけるリーダーシップ）を求めてやってくる。[8] 患者は、より良い気分と自分の生活のコントロールを求めている。

ソーシャルセラピーに来る人びとも、同じような理解と期待をもってやってくる。たとえこれが問題の解決や解消をねらった普通のセラピーとは違って、発達的アプローチだと事前に聞いていてもである。最初のセッションで、新しい情動の成長を創造するために、集団的な力を発揮できるように援助するのがソーシャルセラピーだと聞かされる。これは、そうは言わないかもしれないが、ほとんどの新参の参加者にとって魅力的に聞こえる。ほとんどがグループに参加する。グループに入れば、彼らの個人化された情動との関わりは、新しい社会化された支援環境を創造するためのワーク／遊び《プレイ》／もがきを通して、実践的、批判的に変更を迫られる。

ソーシャルセラピーのメンバーは、自分たちのグループを創造するために毎週集まる。この過程で、新しい情動性を学習し発達させる。ソーシャルセラピストは、それが情動のｚｐｄになるように（グループを構成する個別化された自我とではなく）グループと一緒に活動する。個々にさまざまな情動性を発達させてきた人びとは、そのグループの情動レベルを発達させるように励まされる（招かれ、支持され、鼓舞される）。この持続的でありながら変化し続ける活動は、すべてのメンバーにとっての——一番「個人化されて」発達してきたメンバーにも——発達をもたらす。

グループのメンバーは、（通常は、感情的な問題や、人間関係の悪さや、頭に来たことなど）何でも、どんな言い方でもよいから発言する。グループの活動は、話したいことをどう話すかを見つけ出すことだ。なぜこれがグループの課題なのだろうか？　情動の言語は、怒り、パニック、抑うつ、恥、嫉妬、不安などの比較的少数の「内部にあるもの」からなるが、これが痛みを生み出す元だからである。すくなくとも西欧文化では、人びとの言語と思考において、感情ほどに基本的に個人的で、非社会的なものとされるものはない。感情は一番の基底なのだ。「これが私の感情だ。私はそう感じたのだ。」これがすべてなのである。このような理解と語り方は、人びとを孤立させ、独りでその感情を「所有している」ことになってしまう。一度この罠にはまると、そこから抜け出して、より良い道を探し出せなくなる。ソーシャルセラピー・グループを作ることは、関係的な理解と情動性の言語を作りなおすことであり、集合活動によって、罠から抜け出ることが可能になるのである。

「どう話せば、話し合いでグループ作りを支援できるんですか？」これはグループ作りのプロセスの中心的な挑戦である。グループの課題は、とにかく何でもことばにし、言語と遊び、互いやセラピストを創造的に模倣し完成させあいながら、一緒に意味を作り出すことである。言語の機能は真実を語り、現実を表現し、内的な思想や感情を明らかにすることにあるという、深く抱かれている信念は、人びとが戸惑いながらも新しいしかたでことばを交わし、当初の個人化された問題解決志向型の自己開示から新しい何かを創造しようと試みるなかで、揺さぶられるのである。

　ソーシャルセラピストは、情動の課題に個人主義的ではなく関係的に関わり、表現ではなく活動にもとづいて関わる方法を発見するグループの活動を、リードするのである。このプロセスで、人びとは自分が創造できたもの、そして創造できることを実感するようになり、同時に個人的な学習と発達の限界にも気づくようになる。グループがこのことを理解するなら、それにつれてメンバーは（それぞれ違うときに）グループ作りのプロセスに参加することによって成長がもたらされ、そのなかで人は生き生きとなれることを実感する。このヴィゴツキーのｚｐｄ的な新しい学習は、発達を再活性化する。グループの成長による発達である。伝統的なセラピーは、個人化した自我が、自分自身の意識の奥深くから洞察を得ることに焦点を合わせる。しかしソーシャルセラピーでは、新しい社会的ユニット、情動のｚｐｄを創造する、集合的で持続的な活動に焦点を合わせる。するとセラピーの課題も変わり「いかに個々人がうまくやるか？」から、「いかにグループがうまく活動をパフォーマンスしているか」に転換することになる。

　こうして個人からグループへと焦点が移るが、これはもちろん、個人を否定するということではない。むしろ伝統的に二元論で敵対的な関係とされてきたものを、弁証法的な関係性へと作り直し、再構成することなのである。一方、主流の心理学では、グループを否定するか、グループを個人に還元しがちであった。他方で主流のマルクス主義は、個人を否定するか、個人をグループに還元しがちであった。しかし、一方を否定したり、他方に還元したりはできない。人間の生がグループにもとづくことを認めるからといって、ソーシャルセラピーは個人を否定しない。グループは集合的に何かを作り上げることに関わっている。多くの生の活動がそうであるように、個々のメンバーはその関わりの程度もやり方も違うが、このプロセスと成果の弁証法に貢献している。

セラピーとしてのｚｐｄ作りの活動は、発達的にどう学ぶかを学びなおすことである。私が強調したいのは、学びが集合的で非認知的だということだ。既に述べたように、子どもたちは集合的に、そしてさまざまなレベルのスキル、知識、熟達、能力、人格を備えた他者と積極的に関わることを通して学習することを、ヴィゴツキーは明らかにした。子どもはまだ、人は知らねばならないという文化規範に社会化されていない。子どもは、まだ認知的姿勢を身につけていない。子どもたちは、どうやったらいいかわからないことを、他の人と一緒に行なうことで学習する。それは、グループ（たいていは家族）が、そのような活動的で創造的なリスクをおかすことを支え、一緒にやってくれるからである。多くの人は、子ども時代にはそういう創造活動をするものの、それ以来したことがない。だから、大人にふさわしいやり方で再学習する必要がある。ソーシャルセラピーはそのような方法の一つであり、活動的で、アンサンブルによる、パフォーマンスする、認知的でも伝達的でもない、子ども時代のｚｐｄに似た重要なｚｐｄを分かち合うのである。

完成

上で述べたように、ソーシャルセラピーは、情動の語りを、関係的な活動として捉える方法だと言える。ここでは、それが何を意味するのか、そしてそれがヴィゴツキーをソーシャルセラピーとして読むこととどう関係するのかを「つまびらかに」したい。そのため、ニューマンの直面した難問に戻ってみよう。すなわち、内的生活などはないのに、それについて語ることがセラピーで役立つのは、何が起こっているからなのか？ ついにニューマンと私は、ヴィゴツキーの思考と言語ならびに言語の社会性に関する著作に、その答えを見つけた（主にヴィゴツキーの『思考と言語』から）。

ヴィゴツキーが、言語の話し手としての子どもの発達について書いていることは、ソーシャルセラピーで起こっていることにぴたりと当てはまる。というのも、ソーシャルセラピーでは、セラピストが大人の患者を支援することで、患者は自分以上のことができるようになるからである。互いに話したり耳を傾けたりするときの新しいやり方を創造し、話し方や情動性に対する新しい理解と関わりを創造するからである。ことば遊びを通して、情動的な痛みの原因となる、固定された役割、パターン、アイデンティティから抜け出る、新しいパフォーマンスを創造するのである。この場合、とくに話しことばとしての言語は、どのようなものでなければならないのだろうか？

何年も、ニューマンと私はこのことについて話し合い、言語に関する見方を共有し、さらにアイディアや洞察を求めて、私たちに影響を与えた哲学、心理学、言語学の思想家を再吟味してきた。このなかで、ニューマンにとっては再読だが、私ははじめて、ヴィトゲンシュタインの後期の著作を読んだ（たとえば『哲学探究』Wittgenstein, 1953 であり、『青色本・茶色本』1965 である）。そこで改めて、ヴィトゲンシュタインがニューマンのセラピー活動にいかに強い影響を与えているか、そしてヴィトゲンシュタインの哲学がいかにセラピー的なものだったかを実感した（この点は、たとえば Baker, 1992 など、少数のヴィトゲンシュタイン研究者しか気づいていない）。

セラピーの観点からすれば、ヴィトゲンシュタインは、哲学者が思考と言語について考えるときに陥る知的な、そして情動的な混乱に現れる、哲学者の病いを治療しようと試みたのだった。哲学者は思考を「内部」に位置づけ、言語をその表現あるいは表象だとして、両者のあいだの原因、対応、規則、平行性を探し出そうとする。ヴィトゲンシュタインが問うたように、原因や対応が何もないとしたらどうだろうか？　言語が使用され理解される特定のあり方が、私たちの囚われの構図を作り出し（Wittgenstein, 1953）、それこそが混乱のもとだとしたらどうだろうか？[9]　ヴィトゲンシュタインは、哲学者をそのような罠から自由にする方法を開拓した。彼は幾百の事例を用い、無数のやり方で、人びとは内的生活を所有し言語でそれを表現するという、コミュニケーションの表現主義の図式が誤りであることを示した。彼にとってみれば、言語は、話す活動、ないしは生活の形式として理解するのが一番である（「〝言語ゲーム〟という用語は、ことばを話すことが、活動ないしは生活の形式であることを強調するためであった」Wittgenstein, 1953, para.23)〔10〕。

この分析は、ソーシャルセラピーのプロセスを解明する上で役に立つ。ヴィトゲンシュタインに倣って言えば、ソーシャルセラピーは、普通の人びとを言語の制約のいくつかから開放し、「日常生活に蔓延するさまざまな哲学的病理」(Newman & Holzman, 1996/2006, p.171)から開放する方法である。ソーシャルセラピーの課題をグループ創造(コミュニティビルディング)としたことで、自分を経験することを個人化された産物とし続ける語りのあり方が明らかになると同時に、グループは新しい語り口を生成することがわかった。言語ゲームを生活の形式とするヴィトゲンシュタインの概念は、ソーシャルセラピー・グループを、単なる言語の使用者ではなく、意味の作り手としてみることに役立った。

しかしながら、まだ欠けているものがある。表現主義の言語概念が誤っているとしたら、人びとが言語を話すとき何が起こっているのだろうか? 私たちの思考、アイディア、感情、信念などが、言語やそれ以外のコミュニケーション手段によって私たちの精神から他の人びとに「伝達」されるのではないとしたら、互いに話しているときに何が起こっているのだろうか? 言語が内的生活と外的現実を媒介するものではないとしたら、言語とは何だろうか? いったい人びとは、どうやって共同で意味を作り出すのだろうか?

ヴィゴツキーに戻ろう。話すことと考えることの関係についての長大な論考で、ヴィゴツキーはこれらの問いに斬新な答えを出している。ヴィトゲンシュタインと同じように、彼も言語の表現主義に挑戦した。話すことは、思考の外的表現ではなく、統合的な転換プロセスの一部だとした。次の『思考と言語』の二つの文章は、彼の表現主義に代わる理解をとりわけ明確に示している。

ことばに対する思考の関係はモノではなく、思考からことばに至る、またことばから思考に至るプロセスである…思考は表現されるのではなく、言語によって完成される。それゆえ、私たちは、言語において思考が樹立される（つまり、あるものとないものの統合）と言うことができる。どの思考も統合を目指す。つまりあるものと他のものの関係を樹立しようとする。あらゆる思考は動きのなかにある。それは展開する。

（Vygotsky, 1987, p.250）

話すことの構造は、単純に思考の構造の鏡像ではない。それゆえ、衣服のように思考に着せることはできない。話すことは、発達した思考のただの表現ではない。思考は話すことへと変換されるとき、再構造化される。それはことばによって表現されるのではなく、完成されるのである。

（Vygotsky, 1987, p.251）

もしヴィゴツキーが言っているであろうように言語と思考が弁証法的プロセスであり、統合された活動であるなら、内界と外界の二元論的分断はなくなる。もはや、私的な思考世界と話すことの社会的世界という、二つの世界は無い。その代わりに、話し／思考するという複雑な弁証法的統合があり、このプロセスで話すことが思考を完成させるのである。

　表現主義に代わる言語のこの視点は、子どもの言語発達の社会性についてのヴィゴツキーの説明とぴたりと一致する。もし思考し／話すことが持続的な社会的完成活動（Newman & Holzman, 1993）でないなら、子どもは話し手としてパフォーマンスできない（そして話すことを学ぶこともできない）。そこで、もし、話すことが考えることの完成活動ならば、もし、この活動が社会文化的空間における持続する創造であるなら（つまり精神が社会の中にあるなら）、「完成する人」は考えている人である必要はないということになる。他者が完成してもよい。そうすると、私たちは考えていることを、私たちが完成しながら話すというのと、私たちが考えるというのには差がなくなる。思い起こそう。思考はことばによって世界に表現されるのではない！　片言を言う赤ちゃんと話すことのできる養育者が創造する会話（言語ゲーム）では、赤ちゃんと他者がともに完成を実践することで、社会的な完成活動が持続するのである。赤ちゃん期を過ぎても、人びとが話しているとき、しているのは、起こっていることを話しているのではなく、起こっていることを創造しているのだ。そのとき「相互理解」と呼ばれるものは、この活動に参加することによって可能になる。セラピーでは、自分の内的人生を語ることが治療的となるのは、それが社会的に完成される活動だからであり、社会的に完成される程度に応じて治療となる。決して、精神の内的状態を伝達するからではない。言語によって創造する――他者を完成する、そして他者によって完成される――ことは、幼児だけでなく大人にとっても、私たちがなりつつあるものを創造する持続的なプロセスであり、発達する活動の道具であると同時に結果なのだ。

　ヴィゴツキーの、思考が世界の中で完成されるという概念をソーシャルセラピーが用いることについては、ヴィゴツキー自身はあまりよい気持ちがしないだろうと思う。言語を社会的な完成活動とするのは、人びとの言うことが「真実であること」、さらに言えば真実概念そのものについての問題を提起することになる。ヴィゴツキーは真実に信をおいていた。彼は普遍性と客観－主観の二元論を斥けたが、真実概念までは否定しなかった。彼にしてみれば、真実はマルクス主義心理学の創造によって発見されるはずであった。

　しかしながら私たちの時代、真実は哲学者、社会科学者、そして自然科学者からさえも疑問視されている。そのなかには、表現主義の言語観と客観的真実の概念を斥ける、心理学者と心理療法家もいる。彼らにとって、セラピーの語りは、誰かの隠された人生の真実を探すためのものではない。情動的痛みの本当の原因を探すものでもないし、たった一つの正しい治療法を適用するためでもない。なぜなら、そのような真実（大文字の真実）は存在しないからだ。そのかわり、主観的な真実を構成して、それと整合する実践を工夫する。ここで社会構成主義者に触れてもよいかもしれない。彼らは、客観主義に基礎をおく論争や批判の代わりに、関係論的な対話を探求している（McNamee & Gergen, 1992, 1999）。ナラティヴセラピーは、私たちの生が「ストーリー性」をもつことを明らかにし、人びとに自分自身の（たいていは、より良い）ストーリーを創るように支援する（McLeod, 1997; Monk, et al., 1997; Rosen & Kuehlwein, 1996; White, 2007; White & Epston, 1990）。コラボラティヴセラピーは、意味がダイナミックに共同構築されることを強調する（Anderson, 1997; Anderson & Gehart, 2007; Paré & Larner, 2004; Strong & Paré, 2004）。

真実が主観的で多数の真実（小文字の真実）が併存するという提案だが、これらのアプローチは、客観－主観の二元論から開放されておらず、ただ見かけを変えただけとも言える。真実は社会的に構成されたものになるが、二元論は手つかずのままである。これらのアプローチには、「それは正しい（誤っている）」と言える何かがなければならないからである。これとは対照的に、ソーシャルセラピーでは、セラピーの話し合いはパフォーマンスとなる。患者たちはパフォーマンスするアンサンブルであり、セラピストと一緒に毎回のセッションで新しいセラピーの会話を上演しているのだ。このような見方は、真実（あるいはその反対の虚偽）を斥けて、社会的に完成される活動を選びとっている。ソーシャルセラピーの活動へのシフトは、従来の客観的な外的な現実の真実を求めるか、あるいは主観的で内的な、認知的、情動的な真実を求めるかのセラピー会話を転換するための、一つのやり方なのだ。社会的に完成される活動としてのセラピーの会話は、意識的反省的に、会話そのものの創造に携わることなのだ。セラピーをパフォーマンスすることで、私たちの日常言語の、日常の心理学の、そして日常の物語の「真実」のフィクションとしての本性が暴露される。私たちが情動的活動の集合的創造者であることを、自ら経験する機会となるからである（Newman, 1999）。

ソーシャルセラピーのグループに初めて参加した女性が、父親をまだ憎んでいると語った。絶対に確かだと言えるわけではないが、父親はいつも家におらず放置されて虐待されたと思っているし、特別な目で見られていたと思っていると述べた。グループの何人かのメンバーは、どこのグループセッションでも見られるように、まずは詳細を尋ねた（何があった、いつ、どのくらいの長さかなど）。一体何が「本当に」起こったのか、「本当に」虐待されたのかなどを確かめるためである。つまり、「真実」を知るための質問である。20分ほど過ぎると、会話の焦点は変化し、グループは、彼女の使うことばが何を意味するのかを探求し始めた（「あなたは〝父親が憎い〟と言うけれど、どういう意味？」「〝虐待〟って言うけど、どういう意味？」）。そして、このことを語ることがどういうことなのかを探求した（「なんで、今この話を私たちにしてくれたの？」）。彼らの語り合いの特定化された文脈のなかで特定の語やフレーズを探求することで、グループは「意味作り」を開始したのだ。真実がどうかを語ることを止めて、グループは一緒に話し合いをするという活動を探求し始めたのだ。ここで活動は、真実を発見することから意味の創造へと大きく変わった。集合的に真実を確認するというよりも、グループにとっての新しい意味の感覚を生み出すことに変化したのだった。この活動に携わることで、真実の発見がそもそも不可能であり、意味は集合的に創造されるものであり、自分たちが意味を創造する力をもつことを、深く理解するようになる。メンバーの一人はこう述べている。

私たちのグループは、常に、話されたことが真実かどうかという詮索をしないことに挑戦しています。いつも成功するってわけじゃありませんけど！　でも、誰かがこんなことがあったと言ったり、したことを聞いたり見たりするときに、「これは実際に彼らがしていることで、それに私は何か答えなくては」

というふうに経験しなくていいっていうのは、とても自由になれるんです。誰かが何かを言っても、私たちが意味を創造するまで、それがどういう意味かはわかりません。グループは自分たちで創造することで、すごく成長するんです。

(Holzman & Newman, with Strong, 2004, pp.82-83)

より認知的指向の強いヴィゴツキー研究者がセラピーとそのプロセスについてどのように見ているのかに触れないなら、ヴィゴツキーにはなじんでいるが、心理療法には疎い読者には私の怠惰と映るだろう。この点について述べることは、私の考えるセラピーとしてのヴィゴツキーを理解していただく助けにもなるだろう(そうはいっても、ヴィゴツキーと心理療法に関する論文は、今日でも片手で数えられるほど少ないのだが)。

ポーテス(Portes, 2005, under review)は最近の論考で、文化歴史的活動理論をどうカウンセリングと心理療法に適用できるか、適用されるべきかについて述べている。ポーテスは、主流の心の健康の研究で、なぜこのアプローチがほとんど注目されてこなかったのかについて、歴史的、文化的、メタ心理学的に分析している。ついで彼は、とくにヴィゴツキーの仕事を中心にして、カウンセリングと心理療法に関連する活動アプローチとその特徴を述べている。彼の説く活動理論は、動機づけられた行為と媒介する道具によって認知的に過剰に決定された、旧来の活動理論である(本書第1章、pp.21-25)。また彼のセラピーの見方も、個人の問題(高次精神機能の異常)を解決する旧来のものである。このことは、次の引用から明らかである。

心理療法の過程では、患者側のスキル、信念、態度の獲得あるいは内化が、しばしば治療ないし活動の目標となる。セラピストが提供する、アドバイス、洞察、指示、スキルは、直接間接に中立的な刺激のメニューとなり、患者はそれらのどれかを将来変えるために自分のものとして取り入れる。教育と同じように、セラピーは発達すべき意味やスキルを構成するゾーンを提供する。

（Portes, 2005, under review, p.28）

ポーテスにとって、セラピーで支援することは、基本的にｚｐｄの概念で促進されうる教育的試みである。この試みのなかで、ｚｐｄはセラピストが患者の学習の潜在能力に焦点を合わせ、学習活動をデザインする助けとなり、この活動はｚｐｄの「中」にある。「情動」の語は、この論文にはまったく出てこない。

サープは、「教師としてのセラピスト ―― 心理療法の発達モデル（Tharp, 1999）」と題する論文で、この心理療法と教育のアナロジーをさらに推し進めている。教授研究における社会文化的アプローチから得られたたくさんの見解、なかでも道具的足場掛けとしてのｚｐｄ概念をセラピーに転用するモデルを提案している。ポーテスと同じく、サープの心理療法も、明らかに過剰に認知的である。セラピーの基本課題は、「より有用な高次過程の発達であり、この過程の分析、適用、変容、習得が含まれ、それらを全体的スキーマの中に取り入れることで、患者は自分の生を理解するようになる」

(Tharp, 1999, p.23)。

サープもポーテスも、ヴィゴツキーに刺激を受け、発達心理学に関する認知的考え方をセラピーに応用し、セラピストを教師とみなすことができるならば、セラピーはより進展すると提案している。学校の内外における教育と学習については第3章と第4章で議論するが、私の方向は彼らとは真反対である。つまり、教師はセラピストだと考えるならば、教育は進展できるのである。

第3章　教室で——パフォーマンスの学習、学習のためのパフォーマンス

問題は、敷居をあまりに高くして失敗したことではない。あまりに低くしたために成功してしまったことが問題なのだ。

（ケン・ロビンソン卿『学校は創造性を殺す？』）

「セラピストとしての教師」、これは「教師としてのセラピスト（Tharp, 1999）」への対案だが、半分本気でしかない。情動‐認知の分断がその理由である。学校がただコインを裏返して（どの年齢の）生徒も自分の感情を話せ、またそうすることができるよう助けてもらえたら、学校は今よりもずっと友好的な場所になるだろうが、そんなことを言いたいのではない。私にとってセラピストとしての教師は、パフォーマンスによって学習環境を組織する人である。というのも、パフォーマンスによって認知と情動の二元論パラダイムを斥けることができるからである。セラピストとしての教師は、生徒が学習者として発達するのを、つまり、ただ「認知的有能さ」だけでなく、全人的あり方の発達を助ける人である。

本書の冒頭で、情動に関する否定的な見方があると指摘した。情動は、心理学においても、広く文化においても、認知よりも劣った地位に置かれている。私はまた、（制度化された心理学も含めた）文化一般が、人びとが問題の観点から生活と世界を見るようにしていること、そして問題解決パラダイムが人間の主観性に誤って適用されていることを述べた。社会組織のなかで、学校ほど、まるで仇であるかのように情動を否定し、問題だとみなしてきたところはない。主流の心理療法は、援助にあたって情動の問題があると主張するが、情動そのものを問題とみなすことはない。学校は正反対である。（学校の組織のあり方という）構造的な意味で、たとえ「ポジティヴな」情動であっても、情動を問題とみなす。（教師は、教室の子どもたちのあいだに広がる笑いや冗談を止めないだろうか？　子どもたちがときおり見せる幸福の表情をともに味わうだろうか？　何よりも教師自身、学びの喜びを子どもたちと共有しているだろうか？）。遊びがすべて情動的に心地よいものではないが、アメリカの学校では、（最近では幼稚園でも）ほとんどの遊びがタブーであるのは、遊びがしばしばあからさまな喜びであることと何かしら関係しているに違いない。怒り、混乱、欲求不満などの「ネガティヴな」情動表現は、学校ではたいへんな問題とされている。それは学習を妨害し、さらにはその生徒の神経学的な異常や精神障害の兆候とされる。しかし幸いにも、公的な教育政策や教育イデオロギーとは逆に、たくさんの教師が情動の重要性を認識し、尊重しながら学級と生徒との関係を作れている。

このような情動の誤解や価値切り下げは、もちろん新しいものではないし、アメリカや他の豊かな産業国に限られることでもない。注目したいのは、今日では、この誤解が科学や医学によってお墨付きをもらったことだ。75年前、ヴィゴツキーが認知－情動の分断を批判し、発達的学習に関する社会文化的理論を提案したとき、ロシアでは心理学も公教育も未発達だった（ツァーによる専政ロシアでは公教育は皆無であり、ヴィゴツキーはそれを新ソビエトで作ろうとしていた）。もしもヴィゴツキーの考えがスターリニズムの支配のもとでも支持を失わなかったら（そして１９３４年に若死にしなかったら）、彼の考えは実践に移されていたかもしれない。

ヴィゴツキーは、心理学が個々の機能にではなく、その統合体に関わるべきだと主張した。その人の統合体であり、その人と社会関係の統合体であり、人と社会関係と文化の統合体である。ヴィゴツキーの高次精神過程の議論では、情動と分離して認知を述べていない。逆に、知性と感情の分離は、「心理研究における伝統的アプローチの最大の欠陥の一つ」であり、分離された場合、思考は「生命力の全体から切り離され、考える個人の動機、興味関心、傾向性から分断される」（Vygotsky, 1987, p.50）。分離を否定したヴィゴツキーは「感情と知的過程の統合体を構成する、ダイナミックで意味にあふれたシステムの存在」を主張した（Vygotsky, 1987, p.50、強調は原文のまま）。しかし、ヴィゴツキーに影響を受けた学習心理学者と教育者の大半は、感情を高次精神過程から分離し、排除して「人間の人格の一面的な見方」（Vygotsky, 1983, Vol.3, p.57, Gajdamaschko, 2005, p.14より引用）を維持している[1]。

10年以上前から、この意図せざるバイアスを重大なことと受け止めて、情動に教育と学習過程でのふさわしい地位を与えようとする論文が現れ始めた。たとえば、リサ・ゴールドスタインは、「関係のゾーン ── 精神の共構築におけるケア関係の役割（The relational zone: The role of caring relationship in the co-construction of mind）」（Goldstein, 1999）という論文で、最近のヴィゴツキーのｚｐｄの教育への適用は、情動過程を排除しており、過剰に単純化されているとの懸念を表明している。そして、これは、ヴィゴツキーが情動についてほとんど綿密な議論をしていないので当然ではある、とも述べている。ゴールドスタインの修正は、間人間的次元だけでなく、「大人と子どもがｚｐｄで作り上げる、共有された感情の空間としての関係性の次元」（Goldstein, 1999, p.651）にまでｚｐｄを広げるものである。彼女は、ｚｐｄの関係性の次元を語るための言語を、ネル・ノディングス（Noddings, 1984）が発展させたフェミニストの道徳理論から、ケアの倫理学の概念を援用して生み出している（たとえば Nelmes, 2000 や DiPardo & Schank, 2004 は、教授学習過程について吟味するなかでｚｐｄに情動次元を持ち込んで、経験的研究を行なっている）。

学習の情動的側面を認めて、ｚｐｄに情動面を取り込むことは現在の支配的な教育モデルの改善として歓迎できるが、それだけではまったく不十分である。既に述べたように、すべての教育改革を（ヴィゴツキー的であれ他のものであれ）実行したとしても、学校を発達的学習が可能な環境にすることはできないだろう。私にとって、発達的学習が可能な環境とは、誰もが「学習が先導する発達」を創造するための、集合的で、道具と結果の弁証法的活動に参加できる、そういう組織を意味している。第2章で心理療法に関連して論じたように、これはやり方を知らないことでも、その人がやれるとして関わるということを含意する。つまり成長を可能にする環境を創造するということだ。そういう環境が創造できるなら、自分がやり方を知らないことをどうやったらできるかを発見するだけでなく、それができる、ということを発見するのである。

自分は何かの活動ができるという発見は、幼児の学習には不可欠の要素だが、小学校に上がると失われてしまう。生後数年間、幼児の生活は、「世界で生きる」時間と「世界のものごとについて学ぶ」時間に分かれてはいない。つまり学習は、子どもたちが他の人びとと一緒に活動すること、そのものである。学習は（文化の創造としての）関係的な日常生活と解け合っているから、学習されること（たとえば手を伸ばしながら言う「もっと」）は、同時に人びとの実践だということを学習する（言い換えれば、互いに話すこと、何かの行為をしながら言うことができるという発見）。この種の自己反映性は、「学習の学習」（Bateson, 1972 以来、学習の一つの側面とされるもの）を意識しないように、幼児は意識しない。実際、「それを学ぶこと」は「学び方を学ぶ」ことなのだ（Holzman & Newman, 1987; Hood, Fiess & Aron, 1982; Newman & Holzman, 1993）。さらに、それは赤ちゃん時代の数年のあいだに学習が急速に、しかも質的な転換を果たすことを説明する。養育者や兄弟、仲間、ペット、おもちゃなどと、そしてさまざまなメディアと、即興的に創造的に遊ぶとき、学ぶ人と教える人と学ばれることのあいだには何の分断もない。何かを学ぶということは、同時に、学習者として発達することなのだ。

対照的に、学校は発達モデルではなく、獲得モデルにもとづいている（Holzman, 1997a）。獲得モデルは学習を知識獲得と結びつけるもので、知識の産出、転移、構成を中心に学習と発達を組織する。典型的な学校の使命は、知識をもつ人を育成することであり、学習者の育成ではない（たとえば Rothstein, 1994)。公教育は常にこういうものだった。公教育のこの誤りは、いまやいっそう明白となった。というのも、現在の教育政策が公式に獲得モデルを採用したからである（No Child Left Behind Act of 2001/Public Law 107-110）。学習の社会文化的で発達的な側面（あるいは、学習が先導する発達）――いかに学習するかの学習、人が学習者であることの学習、学習とは人間の実践であることの学習（読み書きや算数、科学等は人間の実践だということの学習もまた）――は、すべて失われてしまった。

もし私が述べたことが少しでも正しいなら、学校にいる人びとはもっと支援を必要としている！学校が発達的でないなら、どうすればよいのか？　私の長期的な答えは、学校の廃止である（私以外にも、この答えを採用するものもいる。たとえば、ニューヨークのバード大学長レオン・ボッツインは高校の廃止を主張している。Epstein, 2000 を参照）。私の短期的な答えは3つある。（a）たとえ少しでもよいから、発達を学校に持ち込む、（b）同時に、学校外に発達的学習が可能な場所を作る、（c）以上の二つを通して公衆、政治家、政策立案者に持続的再教育を施す[2]。学校外で行なった実践については、第4章で議論する。

発達的学習と遊び《プレイ》

子どもは学校ごっこで遊べるのに、学校の中で遊びをするのを禁じられているのは皮肉なことである。学校は悲劇的に間違った方向にあり、さらには近視眼的だ。学校に行く前でも学校に入った後でも、子どもたちは学校ごっこで遊べるということは、注目すべきでありたいへんに重要である。私はこの事実に、学習の失敗を解消するための「秘密」があると主張したい。しかし教育者と教育研究者は、明らかに、この重要性をまったく理解していない。

幼稚園のクラスでも遊びは少なく、小学校では休み時間はさらに減り、小学校と中学校では体育の時間が減らされている。[3] このような変更を見れば、遊びは学校での学習には意味がないと公式に位置づけられたも同然である。研究者には、アメリカ教育学会（American Educational Research Association: AERA）は遊び研究の公式本拠地ではない。AERAは2万5千人の教育研究者、心理学者、そして社会科学者の組織であり、教育および教育評価に関わる研究を振興することで教育を改善しようとする組織である。AERAは（教育政策、教授学習、測定と研究方法論、教育と学習などの）12の研究分野からなる。多様な会員の「専門分野の関心」を満たすため、会員にSIG（専門分野分科会）の設立を請求できるようにしており、設立された場合、分科会を組織し総会で研究発表をする正統性と権利が得られるようになっている。160以上のSIGがあるが、遊びのSIGはなく、2006年の請求も棄却された〔心理学に目を向ければ、私の知るかぎり、10万人以上の会員数のアメリカ心理学会（APA）ではいまだ請求すらなく、このトピックは教育心理学、学校心理学にも分科会がないままである〕。

幸いなことに、この官僚主義の外部で事態は変わりつつある。幼児期ならびに生涯にわたる学習と発達に絡めて、遊びは注目を増しつつある。本章で取り上げるアイディアや実践は限定されざるを得ないが、関心のある読者は以下の文献を参照されたい。組織における遊びを取り上げる第5章で示した書籍と文献の他、Blatner（1997）、Göncü & Gaskins（2007）、Kane（1995）、Nachmanovitch（1990）、Reifel（1999）、Sawyer（1997, 2007）、Sutton-Smith（2001）、Terr（1999）などである。

第2章（pp.46-47）で手短かに、ヴィゴツキーが遊びについて述べたことに触れた。ここではより詳しく見てみたい。

日常のことばでも、学問的な言説でも、遊び《プレイ》について話すとき、遊びはいくつかの意味をもつ。まず自由遊びであり、幼児のごっこ遊びやファンタジー遊びである。次に学齢期で一般的になり成人期に支配的となるのが、ゲーム遊びであり、これはより構造化された、ルールに依拠する活動である。今ひとつは、劇的プレイまたはパフォーマンスであり、子ども期にも成人期にも一般的だが、様式化された職業的演劇が代表である。ヴィゴツキーを読むことは、生涯にわたる発達的学習にとって、上記3タイプのどれも重要だという理解を深めてくれた。

第一の種類の幼児期の自由遊びについて、ヴィゴツキーは、「子どもの最大の達成は遊びのなかで可能になる」（1987, p.100）と書いている。彼は、自由遊びの特徴は、意味が行為を凌駕するような想像的場面にあると述べている。彼は遊びの二つの定義的特徴 ── 想像的場面とルール ── を挙げて、多様な遊びが発達するにつれて、二つの特徴の関係がどのように変化するかを記述している。すべての遊びは、想像的場面を作り出し、すべての想像的場面にはルールが含まれる。幼児の遊びでは ── お母さんと赤ちゃんごっこのように ── 想像的場面が優勢であり、ルールは、遊び場面の創造と同時に、それを通して出現する。つまり遊びのなかでルールが出現する。ルールは、「前もって決められ、遊びの進行のなかで変化するものではない。むしろ想像的場面から出現する」（1978, p.95）のである。

ゲーム遊びでは、ルールは表立ったものとなり、ゲームが複雑になればなるほど、ルールが想像場面を凌駕するようになる。キャンディーが何か食べられないものとみなす単純なゲームの場合でさえ、キャンディーを食べてはいけないというルールがあると、ヴィゴツキーは述べている。しかしチェスの場合、明確なルールが騎士や女王の争いという想像的場面を支配している（Vygotsky, 1978, p.95）。現代の例で言えば、バスケットボール、サッカー、ビデオゲーム、盤面ゲームは事前に作られたルールを知らなければならない。

遊びに自由度を与える想像力と、遊びを制約するルールの相互作用が、遊びの発達的潜在力を生み出す。「想像の世界」で作られる行為は、状況的制約から遊ぶ人を開放すると同時に、それ自体の制約を課す。こうして、「遊びは子どもの発達の最近接領域を創造する。遊びでは、子どもは平均年齢、子どもの日常可能な行為を超える。遊びのなかでは、子どもは頭一つ抜け出たもののように行為する」(1978, p.102)。

遊びのｚｐｄはユニークな特徴をもつ。ヴィゴツキーは以下のように指摘している。

> 遊びと発達の関係は教授と学習の関係に比較できるかもしれないが、遊びは欲求と意識の変化に対する、より広範囲の背景となる。想像の世界、想像の場面の行為、自発的な意図の創出、実際の生活におけるプランや意識的動機、これらすべてが遊びにおいて現れ、就学前の発達の最高峰を達成する。
>
> (1978, pp.102-103)

このような遊びの分析は魅惑的である。そして見込みのある分析でもある。たとえば、方法論的には、ニューマンと私にルールと道具について考えさせた。幼児期の自由遊びのルールは、遊びとともに出現するが、私たちはこれを、道具と結果に重ねて、「ルールと結果」と理解した。後のゲーム遊びのルールは事前に決められており、結果のための道具に倣って、「結果のためのルール」と理解した(Newman & Holzman, 1993, pp.100-101)。遊びは発達の先導的要因である。遊びはルールと結果の弁証法的活動であり、結果のためのルールではない。ルールのない遊び／どうするのか知らない遊び／ルールを知らない遊びは、まさに就学前幼児の日常活動である。大人と年長児が、まだしゃべり方も知らない、また文法を知るにはまだ何年もかかるような（または文法の存在すら知らない）乳児やよちよち歩きの幼児と言語ゲームを遊ぶことの重要性については、既に指摘した。彼らは、たくさんの、実にたくさんの「ルールのないゲーム」を乳幼児と遊ぶのである。服を着るゲーム、食事ゲーム、バイバイゲーム、読書ゲーム、テレビを見るゲーム、お眠りゲーム、お風呂ゲーム、などなど。これらの自由遊びのなかで、幼児は、想像場面を作り上げながらルールを構成する（「あなたはお母さんよ。赤ちゃんに、こういうふうにミルクをあげるのよ、いい？」）

ヴィゴツキーが指摘した自由遊び（ルールと結果）の環境制約（「現実」）からの自由さは、他の種類の遊び――劇的遊び《プレイ》またはパフォーマンス、とくに台本のない、即興的なものと似ている。自由遊びと劇的遊び《プレイ》の両方で、遊ぶ人／演技者は直接に活動の生産者であり、遊び／演劇の感覚的、認知的、情動的要素を生み出し調整する責任を負っている。子どもの自由遊びの場合をこのパフォーマンスのレンズで見ると、遊び《プレイ》の価値を再発見できる。

ほとんどの心理学者や教育者にとって、遊びの意義は社会文化的な役割取得の促進にある。通常の活動理論的な用語で言えば、遊び《プレイ》は個人と文化を媒介する手段としての道具ということになる（Nicolopoulou & Cole, 1993; Rogoff, 1990; Rogoff & Lave, 1984; Wertsch, 1985 に言うように）。役割を演じる（役割を遊ぶ）ことで、子どもたちは「実生活」ですぐに取得するだろう役割を「試して」みる。このように遊びが行なわれ、理解されることに反対はしないが、これでは自由な、ごっこ遊びのパラドクスを見逃してしまう。子どもたちがごっこ遊びをするとき、ごっこの対象役割にほとんど似ていないのだ。学校ごっこをしている子どもたちは、教師や生徒とぜんぜん似ていない。というのは、学校の教師も生徒も、教師や生徒のふりで遊ぶことはなく、むしろ社会的に決定された役割を演じているのだから。学校ごっこ、お父さんとお母さんごっこ、ハリーポッターとダンブルドアごっこで遊ぶ子どもたちは、事前に決められた役割を演じているのではない。子どもたちは自分たちの新しいパフォーマンスを作り出しているのだ。劇作家や演出家や俳優と同じように、文化を創造しているのだ。これが遊びでは頭一つ抜け出たもののように行為するというヴィゴツキーの理解（Vygotsky, 1978, p.102）の、私なりの意味づけである。つまり遊びの発達的潜在力は、行動の実行ではなく、活動の創造的パフォーマンスなのだ。

　結果のためのルールが遊びに適用されルールに支配された行動が進む過程で、ルールと結果の弁証法的遊び（パフォーマンス）が現れる機会は減っていく。こんな「意味のない」遊びは、学校に入ると価値を認められなくなり、不適切なものとなる。ルールで遊ぶことを覚えると、ルールなしの遊びを続けることは困難になる。これが児童期の現状であるが、そうだとしても、ヴィゴツキーの分析や私がパフォーマンスの観点から引き出した含意が、幼児期にだけに限定される必要はない。遊びは就学前期発達で最高潮に達するかもしれないが（ヴィゴツキーの「主導的活動」Vygotsky, 1978, p.103）、遊びの発達的潜在力が就学前期に限られるとするのは誤りである。[4]

　皮肉なことに、ヴィゴツキー自身がこの誤りをおかしているようである。彼は子どもの遊びがどういうもので、なぜそれが幼児期の発達にとって重要なのかを発見した。しかし彼の著作からは、その後の発達期にはこの論点が適用できないと確信していた節があり、学習の定式化では失われてしまった（Vygotsky, 1978, pp.102-103）。ヴィゴツキーは、既に指摘したように、学習の失敗をなくす「秘密」を発見した。しかし幼児期以降の学習が発達的であるためには、遊びに満ちたものでなければならない、というようには、この発見を敷衍することができなかった。

私とインスティチュートの仲間たちは、いろいろなやり方で、学校に遊びに満ちた学習を持ち込もうとした。自分たちで学校を運営したり、公教育に関わる教師のトレーニングなどを実践してきた。読者の方がたが、これらのプロジェクトの成功と失敗について読むとき、目的は、学校を改良することにあったのではなく、人びとを発達的に学習するように支援することにあった ― 決して発達的な環境とは言えない場所で、実現できるかぎりにおいて ― ということを念頭においていただきたい。私たちが行き着いた方法は、子どもたちや大人と一緒に学校を遊ぶ《プレイ》しかたを創造し、学校にプレイ／パフォーマンスを持ち込むことであった。

学校を遊ぶ

1985年から1997年までの12年間、インスティチュートはニューヨーク市で実験学校のデザインと運営に携わった。そこでは、私がソーシャルセラピーを通して発見したヴィゴツキーを、心理療法というよりも教育のために試みてみた。それは、すばらしく奔放で最高の場所だった。とても小さな学校で（常時20〜40人の生徒だった）、最初、ほとんどの生徒は、ハーレムの貧しい労働者階級のアフリカ系アメリカ人の子弟だったが、後にはニューヨークの他の地域からアフリカ系カリブ人や白人生徒も入学してきた。いずれも伝統的な学校で何らかのトラブルを抱えた生徒だった。この学校は誰しものためのものでは決してないが、そこで学ぶ子どもたちにとって、そしてボランティアに来たり、世界のいろいろな場所から研究のために訪問する人びとにとって、とても特別な「成長のための学校（School for Growth）」であった（Holzman, 1997a）。これはまた、アフリカ系アメリカ人のためのコミュニティスクール運動と、インスティチュートのマルクスとヴィゴツキーに影響を受けた活動理論の方法論、そしてより広いコミュニティとの出会いで生まれた学校だった。

最初にバーバラ・テイラーに会ったとき、彼女は、自身がハーレムに創立した小学校、セント・トーマス・コミュニティスクールの校長だった。62歳のテイラーは既に長い教育歴をもっており、小学校の教員、識字教育の専門家、副校長、校長、コミュニティスクールの創立者を経験していた。勇敢でエネルギッシュに、テイラーは貧しい子どもたちの学習と成長の支援に関わってきた。セント・トーマススクールはニューヨーク大司教管区の支援で運営されていたが、校長として、彼女は保護者グループを率いて、教会の官僚主義と長年にわたって戦った。テイラーが学校の教育プログラムを強化するための補助金を勝ち取ると、管区は経常予算の拠出中止を決定したのだった。この学校にいる子どもたちには、強化プログラムなど必要ないし、それに値しないと告げたのであった。これが独立系のセント・トーマス・コミュニティスクールの設立の背景であり、テイラーはその初代校長になった。

数年後、テイラーは、セント・トーマスのダイナミックなコミュニティスクールとしての組織力が、あるべきように発揮されていないと感じるようになった。彼女は新しい方法論が必要だと感じた。子どもたちを幼稚園時代のような学習者となれるように、励まし支援する学習環境を作るための方法論である。テイラーはインスティチュートを訪れ、彼女の来し方を話しながら、彼女の実践を転換するための助けを求めた。そこから共同実践が始まった。テイラーは、セント・トーマスコミュニティスクールを辞め、数家族を引き連れて、幼稚園から8学年までのバーバラ・テイラースクールの校長になった。

最初の6年、バーバラ・テイラースクールは、子どもたちが学習者になれるような情動的支援環境の創造に集中した。テイラーは常に微笑みハグするだけでなく、腹を空かし、靴下、帽子、手袋のない子どものために、食べ物や衣料品を用意した。すばらしいと同時に必要な実践だとニューマンも私も認めたが、それだけでは不十分だった。子どもたちを良い学習者にするためには、教職員も含めて、この学校のすべての関係者が情動発達のために実践しなければならないと感じた。私たちは、「虐待ストップ」のキャンペーンを開始した。問題にしたのは、身体的虐待ではなく、関係的虐待であった。関係的虐待はあまりにありふれているので気づかれにくいが、情動的に傷つける。大人が生徒に恥をかかせ、生徒同士も恥をかかせあうのである。学習に関係のないテストをするというやり方も含まれる。大人の権威保持のためだけに、子どもをルールに従うよう強要することもそうだ。学校と教授実践に染みこんでいる階級主義、人種差別、性差別、同性愛差別もそうだ。

テイラーは、このプロジェクトを始めるときに、彼女自身が生徒に対して虐待しているかどうか一緒に考えようと提案した。生徒の答えは、「そういうこと」はあるというものだった。ここから、話し合いは、生徒たちから校長への虐待があるか、他の職員や生徒同士の虐待があるかどうかに展開した。教職員と生徒はさまざまな即興的な活動を作り出した。そしてついには話し合いから、「虐待に対して何ができるか／何をすべきか？」に答えるポリシーを作り出した。このプロジェクトは、情動的に学習環境を支援する環境を持続的に転換するプロセスの基礎となった。ここで情動的に支援するとは、セラピー的、発達的という意味である。

当時、この学校のモットーは、リスクを承知で責任をとれる「リーダーとしての子どもの発達」（Strickland & Holzman, 1989）であった。この学校では、標準的なカリキュラムは、生徒の参加や活動を支援するものに変えられた。多くの授業が合科型であった。授業では仲間同士で教えあうことや、年長者が年少者を教えることが普通だった。また生徒がまとまって、裁判を傍聴したり、人権運動のデモに参加することもしばしばあった。バーバラ・テイラースクールの生徒の標準テスト成績は、地区の公立学校よりも高得点であり、強制や虐待もなく、学習ができた（この時期のバーバラ・テイラースクールの生活の様子については、LaCerva, 1992; Strickland & Holzman, 1989 を参照）。

しかしニューマンと私の好みから言えば、この学校はあまりに学校的すぎた。「〜について」の学習が中心であり、「学習できるということを学ぶ」という点で不十分だった。もっとヴィゴツキー的な方向を推し進めるアプローチを望んだ。学校を、学習が発達を先導する持続的に生成する環境にしようとした。自分がやり方を知らないことでも自由に熱狂的に取り組むのが幼児期のzpdだが、このような環境を学齢期の子どもたちに再びどうやって作れるのか？　よちよち歩きの赤ちゃんと違って、年長の子どもたちは多くのことを知っているだけでなく、知ることは価値があること、ある年齢になれば知らなければならないことがあること、それを知らないと困ったことになることなども知っている。たくさん知っているかそうでないかにかかわらず、子どもたちは認識論的姿勢をもってしまっている。さらに、より年長になると、子どもはごっこ遊びに加えてさまざまな遊びのレパートリーを増やしており、結果のためのルール、ゲーム、一定の形式の劇的遊びを学習し、楽しんでいる。そこでこれら3種類の遊びを利用して、子どもたちが新しい「パフォーマンスの姿勢」をとることができるような、パフォーマンス環境を作ることにチャレンジした。

私たちは、異年齢の生徒を組み合わせてグループを作ることで、相互に関係し重なりあうzpdが恒常的に流動することを構想した。そこで、学年やカリキュラム等の構想の邪魔になるものを除いて、系統だっていない多様なグループが自発的に構成されたり分解したりしながら、ルールなしで遊べる機会を設けた。そして、読む人、書く人、科学者、歴史家、テストを作る人、芸術家、数学者、詩人などのパフォーマンスを、創造しながら遊ぶのである。生徒、保護者、そしてコミュニティに、バーバラ・テイラースクールのモットーは「学びは社会的だ」にあるということを知らせるために、19

91年に「私たちはあなたのお子さんにCHEATを教える」と宣言して学校を再開した。CHEATは、Children Helping to Educate Another Training（子どもの助けで今までと違うことを引き出すこと）の略である（この間のことについては、Holtzman, 1993を参照）。

ハーレムの褐色砂岩の建物から、のちにブルックリンの商店街に移転して、1991年から1997年まで、バーバラ・テイラースクールは、教室1つの小さな学校だが、外国からの訪問者とボランティアが訪れる賑やかなセンターとして、そして生徒と教職員の本拠地としても機能した。そこは常に、大学のインターン、参観の教員や保護者が来校し、心理学者、教育者、大学生、外国の学校から見学に来たまるごと1学級など、さまざまなゲストが訪れ、ゲストのない週がないという具合だった。一番名誉な訪問者は、ヴィゴツキーの娘で心理学者であるジータ・ルヴォーヴナ・ヴィゴツカヤだった。学校は毎日同じ日課で始まった。今日はどうやって学校をパフォーマンスしようか？　ゲストもパフォーマンスに参加するよう促された。「標準化」テストを作る、クイズ番組ジョパディーごっこやウノで遊ぶ、子どもたちの綴り学習を支援するためのクイズ番組を作る、理想の都市づくり、歴史研究をするなど。訪問者は、自由に自分たちの興味関心、専門知識、アイディアを提供するように求められた（Holzman, 1997a）。

ソーシャルセラピーのことばで言えば、グループ（と同時に学校）の課題は、学校をパフォーマンスすることである。ヴィゴツキーのことばで言えば、道具であり同時に結果でもあるような弁証法的方法論を創造することだった。二つを総合して、幼児がするように、ルールは事前に決められておらず、創造場面から出現し、遊びの最中に立ち現れるようなしかたで、舞台とパフォーマンスを同時に作ることであった。毎日、生徒と大人は一緒に、何をするのか、どういう学習パフォーマンスを作り上げるのかを自分たちで計画した。教師（学習ディレクターと呼ばれた）の役割は、学習を促進するためにその場にいるのではなく、むしろこの種の遊びに教師たち自身と生徒たちを方向づけ、活動のなかでパフォーマンスが持続するようにすることであった。[5]

ある子がパフォーマンスを嫌がったり、他の子のパフォーマンスを妨害する場合、パフォーマンスの継続が一番の挑戦的課題となる。というのも、人にはその場面をとめて、非難したり妨害を排除しようとする強い傾向性があるからだ。こういう場面は何度も繰り返し起こるので、パフォーマンスの拒否や妨害もパフォーマンスのなかに含めてしまう、別の対応をするための機会となった。たとえば次のような反応が生じた。「それじゃあ、ずっと邪魔している〝困った子ちゃん〟もこのシーンに入れよう」。「全員で妨害ゲームをしよう」（と言って、全員で一度にしゃべる）。妨害している生徒に向かって「言わなきゃならないことを待てない場合には、今度はもっと大きな声で感情を込めて言ってね。」このような対応をしない場合、パフォーマンスを中断して、変化した場面で何をしたいのかをつかむための機会にすることもあった。

よちよち歩きの赤ちゃんの生活は、ほとんど終わることのない活動の連続であり、何度も何度も繰り返したり、何かまったく違ったことをやったりするなかで、今やっていることをやめ、そこからまったく新しい何かを作り出す。学齢期の子どもたちは、この重要な生活経験をまったくと言ってよいほどもつことができず、言われたことをやり、完成するまで一つの課題に集中し、ミスをしないことが期待される。意識的に創造されたパフォーマンスは、学齢期の子どもと大人にとって、「乳幼児期と同じ場面を再び演じる」ことを可能にする。このような機会を与えたのは、彼らにパフォーマンスによって学び－感じ－つながり－生きるやり方を生み出したいという思いからだった。

バーバラ・テイラースクールでのさまざまな経験のなかで、私は長年の言語発達への関心をさらに強くした。とくに学校でパフォーマンスを作り出すことを通して、誰が言語の話し手となるのか、そして話者になるとはどういう意味なのかについて、理解を大きく広げてくれた。同じ時期、私はヴィゴツキーによる言語学習zpdの記述の意味と、乳児が片言を言いながら意味作り活動に参加して話しことばと言語の使い方を学習するしかたの重要性に気づいた。またこの時期にニューマンと私は、ソーシャルセラピー・グループの大人たちが新しい話し方と聞き方（これも一種の片言である）を創造し、語りと情動への新しい関わり方を創造してゆくしかたを理解しようと、ヴィゴツキーの発見を発展的に拡張したのだった。もしこれが赤ちゃんと養育者とソーシャルセラピー・グループがしていることだとしたら、生徒と教師は何をしなければならないだろうか？　彼らもまた、他の言語を学習しなければならない。たとえば、数学の学習者になることは「数学的意味」を作るために数学言語の学習に取り組む。生徒が、数学者、歴史家、詩人、生物学者としてパフォーマンスするために、数学の片言を言い、歴史の片言を話すことの、実践的重要性と理論的意味に気づいた。発達的に数学を学習するには、どう話すかを知らないままに、数学の話し手としてパフォーマンスする必要がある

(Holzman, 1995)。このように（つまり方法論的に考えれば）、「学校の教科」の学習者になることは、「赤ちゃん」の片言とたいした違いはない。両方とも、社会的な完成によって意味が作り出される活動である。

インスティチュートは、バーバラ・テイラースクールを1997年に閉校した。学校は、多少の授業料と、インスティチュートと保護者、学校の教職員と仲間、多くのボランティアと、草の根の寄付活動によって、かろうじて経営されていた。他の都市から来る生徒もいたが、彼らの家庭と言えば、貧しい労働者であり、授業料にも苦労していた。バーバラ・テイラースクールは財政的に不安定で、寄付も入学者の増加も見込めず、すぐに状況が改善する兆候はなかった。私たちの、教え込みではない、認知的でない集合的学習という教育方針は揺るがなかったが、保護者にはなかなか受け入れられなかった。というのも他の普通の学校から、子どもには補償教育プログラムが必要で、たくさんの宿題とドリルが必要だと聞かされていたからだ。私たちと一緒にリスクを引き受けるのをためらうのは理解できた。しかし、最後の数年は、新入生は特殊教育学級や特殊教育学校で深刻なトラブルを抱えた（あるいは起こした）生徒がほとんどとなった。バーバラ・テイラースクールで彼らが花開いたのは驚くことではなかったが、私たちは特殊教育をやりたかったわけではない。結局、学校をこれ以上続けるのは本意でないと感じるようになった。しかし多くのことを発見し、発展させることができた。私たちは、学んだことを学校プログラムの外での開発に向けることにした。これは、私たちの方法論に通じた仲間が指導したもので、第4章で論じる。

学校の台本と遊ぶ

閉校から10数年経つが、その後の経験からバーバラ・テイラースクールのような環境がますます強く求められていると思うようになった。それは、教育をめぐる恐怖という、新たな「大衆的情動」とも言えるものがあることが大きい。子ども、保護者、教師、校長、教育委員長、政治家は、彼らと彼らの子どもたち、学級、学校、学区、町の評価が落ちていると恐れている。人びとは成績低下が起きないように、あるいは起きていることを隠蔽するのに躍起になっている。この憂慮される文化現象の兆候が多数現れている。（すべての階層の）保護者のあいだに、カプラン社などのテスト業者や補習業者が流行し蔓延している。テストのときの非常に重いストレスの兆候が、6歳の子どもにも現れている。6歳になったときの私立学校入試に向けて、3歳から面接することが流行している。テストの準備のために、音楽、芸術、演劇、体育を学校のカリキュラムから外す動きが広がっている（ASCD Smart Brief の2008年1月号によれば、最近、歴史も外すという危機的兆候もある）。このような行動をとっておきながら、人びとはメリットよりも害のほうが大きいのではないかと気に病んでおり、成績低下恐怖にさらに拍車をかけている。この情動的風潮のきっかけとなったのが、2002年の新しい教育法案「落ちこぼれゼロ法案（No Child Left Behind: NCLB）」の立法化だった。

そのうえ、合衆国（そしてどこであっても）の学校教育は、ＮＣＬＢよりずっと前から台本化されていた。ＮＣＬＢについては激しい論争があり、事態を別様に見せることがある。もっとも厳しい批判のなかには、ＮＣＬＢ以前の合衆国の教室は創造性と自発性の豊かな土壌だったが、新しく義務化された全国テストとそれに従うようにする方策によって創造性が奪い去られてしまったという印象を与えるものもある。私がＮＣＬＢを批判するのには多くの理由があるが、しかしこのような理由からではない。

学校と教室にはたくさんの台本がある。学校には教師と生徒がいかに「学校を営むか」の台本があり、それには人種、階層、言語、文化が作る複雑なダイナミクスも含まれている（１９７０年代、８０年代には「隠れたカリキュラム」と呼ばれた）。また、それぞれの教科には専用の台本がある。こうした台本と、台本がいかに不平等を生み出し学習を制約するかについては、多くの論考がある。しかし、私が挑戦したいと思い、ヴィゴツキーの学習、発達、遊びについてのもっとも革新的なアイディアが関わるのは、これらの台本の背景にあり、それを正当化している台本の台本である。この「メタ台本」は、人間の学習に関する主流心理学の理論の教育版である。メタ台本のさまざまな側面については既に述べたが、ここでそれらをまとめると次のようになる。学習は情報（知識）とスキルの個人的な獲得である。個々人がある時期に何をどのように学習するかは、多数の要因とその相互作用に依存しているが、主要な要因は子どもの発達水準である。子どもたちを均質集団に分離するという何十年にもおよぶ実践（小学校ではすべての教室が均質であり、教室のなかの読書や算数グループも均質である等）は、このメタ台本にもとづいている。発達的に妥当な教育という実践を作り上げているのも、このメタ台本である。テスト自体も、さまざまな個人評価もすべて、このメタ台本の実践にもとづいている。

私の知るかぎり、NCLBに対する人びとの悲鳴のなかに、この実践を問題視する声をほとんど聞かない。評論家は、この教育パラダイムが行き過ぎたならば誤った方向に導き、破壊的なものになると指摘するが、これらや、より穏当な学校教育実践にも潜んでいる、共有された信念、価値、技術の総体を吟味する必要については述べないし、パラダイムの転換の必要を説くこともない。このことから私は、NCLBが何十年も前に採用した心理学の誤った概念枠組みにもとづく学校遊《プレイ》びの規範からそれほど離れたものではなく、長く演じられてきた（ひどい台本だが熱心に演じられてきた）この規範の、論理的な拡張にすぎないと確信するようになった。またこのことは、ラディカルに学校教育を突破することが本当に必要だという私の確信を強めさせることとなったが、今の保守的な文化風土の中では起こりそうにない。今できそうに思うのは、たとえ幼児が見せるような驚くべき発達的やり方ではなくても、学校の中で学校を遊んで人びとを助けることである。

第2章で、私はソーシャルセラピーの週末研修について述べた。そこでは参加者が即興場面を作り出し（「彼らの人生のパフォーマンス」）、ソーシャルセラピーの理解と発展に大きく影響した。そのときから、インスティチュートと方法論を共有する各組織は、即興を利用するようになり、即興の伝統と、それが世界中でどのように使われてきたかについての理解を深めた。発達的学習の概念に即興を加えることで、私はさらにヴィゴツキー自身の仕事に近くなり、かつ彼よりも前に進むことができた。そして、「たとえ小さな発達であれ」、公教育の教室 —— カリキュラムも生徒も教師も、厳重にコントロールされており、彼らの恐怖でさえコントロールされている —— へ持ち込む教育的介入をデザインすることにつながった。

もっとも広い意味で、即興は「準備なし」または「自発的」なものであり、日常的言い回しでは「予測できないもの」に対処しなければならないときに人びとが使うことばである。他の言い方では、即興的であることは「現場にいること」を意味し、その場で起きたものごとに反応することを意味する。このように使う場合（とくに経営コンサルテーションや組織開発に関わる人びとの使い方では）即興は、発明、創造性、イノベーション、アイディアの生成、新しいあり方や見方の創出などに近く、あるいはその一部を意味する。ミュージシャン、ダンサー、俳優は、直感的に行なわれるパフォーマンスの質を、即興の理解に加えることが多い。

ということは、人間の生（さらには人間の歴史）も、長く続く即興と考えてよいだろうか？　私の考えでは、即興は発達そのものである、存ること／成ることとの弁証法を特徴づける一つのやり方である。多くの文化や個人の生がいかに計画されたものであっても、全体としてみれば即興的である。距離をおいて事後的に出来事を説明すれば、即興ではないように思えるかもしれない。社会文化的、発達的心理学の観点から即興について考えるようになって、概念としても研究対象としても、文化と人間の発達および教育に関する議論にも、より広く心理学の議論にも、即興が欠けていることがわかった。現在即興を研究する人たちもいるが、主に創造性との関連においてであり（Csíkszentmihályi, 1991; Göncü & Perone, 2005; Sawyer, 1997, 2001, 2003）、生涯にわたる人間発達のもつ即興的特性は、豊かな研究領域であると信じている。

「インプロ」ということばには、二つの用法がある。一つは即興の略語である。今ひとつは、特別の演劇ジャンルあるいはパフォーマンスのテクニックを意味する。一番普通には寄席やテレビで見られるもので（「Whose Line Is It Anyway?」はイギリスとアメリカで人気のテレビ番組である）、インプロは俳優の一団が台本なしに（通常観客や視聴者に応えて）シーンやストーリーを作り出すパフォーマンス芸術の一つである。インプロは、少数の道具とテクニックだけを使って、舞台やキャラクター、プロットを作り出し、それによってパフォーマーは、どこにでも行き、どんなことでも起こすことができる。これは、ごっこ遊び、ゲーム遊び、劇遊びを組み合わせてそのどれでもないものを作り上げる、ユニークなプレイと言える。インプロをする（ゲームを遊ぶ）ためには、プレーヤーはルールに従わなくてはならないが（プレーヤーの想像がどこへ向かうことになろうとも）、インプロ（パフォーマンス）をするためには、そのなかでルールが立ち上がるように、想像場面を集合的に作り上げる必要がある。ごっこ遊びのように、それ自体の外には、何の終着点も目標ももたない。ゲーム遊びのように、うまく演じるためにはルールを習得することが不可欠である。そして演劇と同じように、聴衆の前で演じられる。

インプロの基本ルールは、言うのは簡単だが、習得するのは非常に難しい。基本ルールは、オファー（提案）を受け止めてそれをもとに作り上げよ、そして否定はするなだ。オファーとは、何であれ誰かが言ったり、やったりすることである。肩をすくめる、飛び上がる、挨拶をする、手の動きで脅す、楽しげな声を出す、じっと座って黙っているなどは、すべてオファーとなる。オファーをどう受け止めるかは千差万別だが、拒否したり否定したりはしない。たとえば、二人の場面で、一方が「愛してるよ」と言う。もしパートナーが「たいへんいいですよ、キムさん。あなたの英語はよくなっていますよ」と言うなら、パートナーは言われたこと（オファー）を受け止めているだけでなく、それでシーンを作り出している（そしてパートナーにオファーを返している）。もし、そうではなく「あなたには会ったこともない」と言ったら、オファーを否定し、それ以上のシーンの展開を難しくしてしまう。二つのルールに従うことは、非常に高い技術をもつ即興俳優による、見事な喜劇パフォーマンスの基礎である。

　私にとって、インプロを見たり、学習したり教えたりする経験は、同時にヴィゴツキー再検討のきっかけとなった。私は、インプロはルールと想像力で「遊ぶ」独特のプレイであると思うが、ルールと想像力はヴィゴツキーがごっこ遊びとゲーム遊びの中核的特徴としたものだ。私はインプロは道具と結果の弁証法的活動であり、この活動のなかでシーンが作り上げられると同時に、シーンが立ち現れると考える。私はインプロの実践家はｚｐｄの創造者であると見る。知っていること、どうやってするかを知っていることを超えて社会的パフォーマンスをするための、「領域」を作り出すのである。私は、インプロは、意味生成の社会的な完成活動だと思う。そしてインプロは、教育者の認知ー情動の分離に、行為と反省の同時性、そして社会的に生産され共有された思考‐感情によって、橋渡しするものだと思う。

心理学の外には、即興と、インプロによる喜劇テクニックの訓練の価値を論じた論文があり、私と仲間たちはそれらを大いに読んだ。俳優ではない人へのインプロ訓練は１９９０年代に流行ったが、共同活動、自信、注意深さ、聞くスキル、積極性や想像力を育てると言われた。シカゴのセカンドシティーのようなインプロコメディ劇団は、企業でのトレーニング技法を開発して、会社に売り込み始めた。子どもと一緒にインプロゲームを行なう先例は、１９３０年代に米国公共事業促進局のリクレーションプロジェクトの社会福祉事業員だったヴァージニア・スポーリンが、民族・人種の壁を乗り越える演劇訓練法としてインプロゲームを開発したことにさかのぼる。後に、彼女はそれらを「劇場ゲーム」としてまとめ、１９４０年代にハリウッドに6歳以上の子どもで編成される少年少女劇団（The Young Actors Company）を創設し、インプロ訓練の開発と実践で輝かしい成果を上げた。スポーリンは、「インプロの世界」では崇敬されている（同時に演劇教育の分野でもよく知られている）。彼女の著作（Spolin, 1963, 1975, 1986）は彼女のアプローチを学校の教師にも利用できるようにしたものである。しかし、１９７０年代、８０年代になっても、学校教育に意味のある影響を与えたという証拠はほとんどない。

１９９０年代から今世紀の初めになって、私たちの仲間が、都市貧困層の若者向けの学校外のパフォーマンスに基礎をおくプロジェクト（オールスター・プロジェクト、これは第4章で論じる）と、企業の管理職や雇用側向けのパフォーマンス型プロジェクト〔人生のパフォーマンス、これには第5章で触れる〕を開始した。ニューマンは、これらのプロジェクトに加わっているプロとして訓練を受けた俳優を集め、即興コメディ劇団を結成した。インスティチュートでは、現職教師向けの研修を行ない、そこで「教師のための即興」ワークショップを何年か開催した。私たちは他にも、学校の内外の子どもたちを対象にしたパフォーマンス型のプログラムをデザインして、それを質的な方法で研究した（Feldman, 2008; Holzman, 2000; Sabo, 1998）。私たちのコミュニティは、パフォーマンスの一つのタイプである即興が、すべての年齢の人びとにとっての発達的学習活動であるという証拠を集めていった。

公立校の教師と生徒にバーバラ・テイラースクールで行なったように、パフォーマンス／遊び《プレイ》をするよう求めるのは現実的でなかったが、彼らが既に手にしている学校の台本で遊ぶように誘うことはできた。即興は、パフォーマンス型学習のモデルを教室に持ち込む一つのやり方であり、学習が、社会的で創造的なプロセスであることを経験できる、教え込みではない学習方法論なのだ。

２００６年に、インスティチュートは、このアプローチで少人数の公立校教師のトレーニングを行なった。ラトガース大学の教師教育を専門とするキャリー・ロブマンが率いて、今までに、公立学校とチャータースクール〔訳注：税補助を受けるが公的教育規制から比較的自由な学校〕の幼稚園、小学校、中学校の教師が2クラス修了している。ロブマンは幼稚園の教員だったころソーシャルセラピーを学び、数年間即興の授業も受けた。教員を辞した彼女は幼児教育の博士号取得を目指して進学した。彼女の研究テーマは、幼児教育の教師たちの「自然な」即興の量と質の研究である。他の研究者たちと同じく、ロブマンは、教授とパフォーマンス、ならびに熟達した教授と即興のあいだに関連があることを見出した（Baker-Sennett & Matusov, 1997; Borko & Livingston, 1989; Griggs, 2001; Lobman, 2003, 2005, under review; Pinaeu, 1994; Yinger, 1980, 1987）。ソーヤーは、即興を教育の新しいメタファーとすべきだとさえ主張している（Sawyer, 2004）。ロブマンや他の研究者は、即興的教育と幼児のごっこ遊びの類似性を指摘して、即興は子どものときもっていた創造的で共同的なスキルを大人が再発見する方法だと強調している（Johnstone, 1981; Lobman, 2005; Lobman & Lundquist, 2007; Nachemanovitch, 1990; Sawyer, 1997; Spolin, 1963）。

「教師の仲間意識発達プロジェクト」と呼ばれたインスティチュートのプログラムの最初の目標は、教員の創造的で即興的なスキルを発達させること、そしてパフォーマンスとして教授と学習を理解し、生徒たちを学習環境の創造に共同責任をもつパフォーマンスのアンサンブルとして理解し関わるようにトレーニングすることだった。私たちが教師と生徒たちに望んだのは、この過程で何か楽しいことを見つけ、成績不振になることへの恐怖を和らげ、学校に行くことが少しでも楽しくなることだった。1年間のプログラムで、教師たちは隔週のワークショップに参加して、パフォーマンスを通した発達的学習の創造に関する話し合いを即興を織り交ぜながら進行させた。月に一度は教師たちの教室を指導者が訪問した。また教師たちはそれぞれの学校のためにデモ・プロジェクトをデザインして実施することが求められた。

これまでに、22人の教師が課程を修了し、学んだことを創造的に転換して教室に適用している。彼らは新しい即興ゲームと、そのゲームで遊ぶための新しい環境を考案し、生徒たちにパフォーマンスの言語を導入して、パフォーマンスの指導者になるように教えた。教師と生徒たちは、教師と生徒の役割のまま、新しいパフォーマンスを創造するために遊んだ。[6]

一人の教師が、普段やっていることを自分と生徒たちがどんなふうに誇張したかについて報告している。「私は権威とうまくいっていなかったんです。それで権威主義的なキャラを誇張しすぎるくらいにやってみました。権威の戯画化です。私は歩き回りながら〝歯を見せるな！　笑うな！　笑い声は聞きたくない！〟と言い、これは生徒に大受けで、生徒も全然違う振る舞い方をしました。私がそういうふうに演じたので、生徒たちは、すごく誇張された、完璧な生徒を演じたんです」(Lobman, in press)。

別の教員は、新しく演じた、「おかしな」パフォーマンスの一つを報告している。

このアプローチを学んで、私が成長できたと思うのは、授業であえておかしな態度をとってみようと思うようになったことでした。一方で、2年生のインクルーシヴ学級で教える私は、しばしば子どもたちを脇に呼びつけて、生徒のした悪いことを指摘する説教者のようになるのですが、また一方では、こういうときに生徒や教師が従っている台本は、とても制約された、役割に導かれたものだと思います。そこで、私は、そういう役で遊んで、ときどき生徒に近づいては、何が悪いのか、なぜ悪いのか、滔々と説くのですが…でもそれを、でたらめ語でやるようにしてみました。全部、でたらめ語だけでやるのです。そして、子どもたちから離れて見ていました。子どもたちの反応は、実に興味深いものでした。確かに言えるのは、子どもたちは、前にやっていた悪いことにはもう目もくれなくなったということです。

（Lobman, 私信、２００８年2月12日）

一般に、インプロで生徒はより協力的になり、個人の行為がグループに大きな影響をもたらすことを教師は理解するようになった。そして、リスクを引き受けて、定められた課題以上のことを創造的に行なう機会となった。教師自身が、より生徒と共同作業するようになり、「ただ一人の意思決定者の役割から開放されました」（Lobman, 私信、２００８年2月12日）。

教師は、トレーニングを活かして公式のカリキュラムの台本に即興を持ち込み、特定の学年の特定教科を教えるために、学んだゲームを応用したり、自作の即興ゲームを創ったりした。一つの事例では、高校の歴史教師が「バス」（Lobman & Lundquist, 2007, p.148）というゲームを、9年生の世界史の授業で使った。「バス」では、それぞれ異なる情動状態の人物が、一人また一人と乗車してくる。乗客は乗車する人物の情動に感染しながら、それまでの話や行動を継続する。その人物が下車すると、その情動は消えてしまう。この教師は、学習中の歴史上の人物を生徒がどれくらい理解しているかを評価する即興活動として、「歴史バス」というゲームを考案した。生徒は自分がパフォーマンスする人物を選び、シーンが始まる。教師はこの活動の報告で、以下のようにコメントしている。

人物がバスに乗ってくると、たとえ、同じ時代に生きていない人物同士が出会ったとしても、おもしろいことに生徒の人物理解の深さがわかった。マリー・アントワネットとパンに飢えた第三階級の人物のあいだで論争があった。マルチン・ルターとキリストのあいだでキリストが信者に何を望んだかについて議論が交わされた。マルチン・ルターと法王のあいだ、マキャヴェリとペリクレスのあいだ、そして始皇帝とヴォルテイユのあいだに意見の相違があった。

(Lobman, in press)

この教師とロブマンが理解するように、この活動で生徒は、世界史カリキュラムの内容に積極的に取り組むことができたと同時に、この活動は、生徒に他の生徒と一緒に、そして教師と一緒に創り上げることを要求した。8人の生徒が「バスに乗車した」が、クラスの他の生徒はその人物のキャラクターを作り出すことに貢献した。人物を演じた生徒だけが期待されたのではなく、演じていない生徒も内容に責任を分かちもった。カリキュラムは学習される素材であるだけでなく、進行する即興パフォーマンスを創造するための素材でもあった。教師と生徒は、歴史の内容について知っていることで遊ぶことによって、そのことを発見したのだ (Lobman, in press)。

私がこの経験を聞いたのは、ちょうどジョナサン・コゾルの新刊、『国家の恥 ― アパルトヘイト化されたアメリカの学校教育の復活』を読んでいたときだった。この本の最後近くで、コゾルは「子どもと教師が土を掘って虫を探せる学校、そして何が起こるかわからないことに満足するまで取り組むことができる学校は…〝宝の山〟だと思う。そういう学校は、私たちに可能性があることを思い起こさせる」と書いている（Kozol, 2005, p.300）。「何が起こるかわからないことに満足するまで取り組むことができる」というフレーズはとても美しい。それは、子どもたちが学ぶなかでパフォーマンスし、パフォーマンスするなかで学ぶときに可能となる、情動と認知の統合を捉えている。

第4章　学校の外で ── 創造的模倣と他者の受け入れ

からだを売る代わりに、ダンスをするの。
（クイーンズ出身の15歳の少女、オールスター・タレントショー・ネットワーク）

私は涙もろいほうではないが、舞台の上で若い人びとが、歌い、ラップし、踊るのを見るたびに、涙が出てしまう。この感情をどう呼べばいいいか、とても名づけられそうにないし、名づける必要もないと思う。ただ言えることは、本当に特別な感情だということだ。若い人びとのエネルギー、集中力、大胆さ、そして自分たちの演技への細やかな心遣いがひしひしと伝わってきて、私は深い感動を覚えるのだ。細やかな心遣いを示すことは、現代文化では容易なことではないし、とくに若者にとってはとても難しい。私の考えでは、このリスクをとれる環境は、きわめて特別な環境なのだ。環境がそのようなものであればあるほど、それは学校の内側ではなく、外側にある。学校は、あまりに過剰に認知的に規定されていて、十分に心遣いを発揮できない場所になっている。私にとっては、ヴィゴツキーを子どもたちの学校外の生活に持ち込むということの大部分は、知的側面と情動的側面が一体となったパフォーマンス、つまり心遣い、関心、好奇心、そして情熱のパフォーマンスを実践できる機会を提供することである。

どのようにしてその機会を提供するかについて、ヴィゴツキーに沿って議論するという課題は容易ではない。ここではヴィゴツキーに触発されて、ニューマンと私が開発してきた、人間発達のための道具と結果の弁証法的活動としての、パフォーマンスの理解／実践のプログラムを、読者の皆さんと共有したい。共有を通して、若者が心遣いや好奇心を社会的に発揮するのを阻む要因について明らかにしたい。この背景を明らかにするために、専門家が学校外プログラムの利点をどう評価しているか、とくに発達と学習に関して、パフォーマンスアート・プログラムをどう評価しているかを要約したい。そのために、それぞれの言語、概念枠組み、そしてアジェンダが異なる、3つの研究領域を総合的に紹介しよう。第一は放課後ならびに学校外の時間の研究と評価であり、第二は教育における演劇、劇場教育、応用演劇と呼ばれるもの、第三は、放課後学習環境を対象にするヴィゴツキー研究者による研究である。手際がよくないかもしれないが、それら3つを手短かに紹介してから、それらを仲立ちとして、いかに放課後プログラムが構成され、研究されてきたか、その可能性と限界を示したい。まずは3つを紹介しよう。

子どもと青年に関する議論や論争は、学校教育における教育機会や困難に集中しがちなので、学校の外での学習生活のことが簡単に忘れられてしまう。合衆国の若者が学校で過ごすのは、全生活時間の25パーセントにすぎない（Heath, 2000, p.34）。時間と金銭に余裕のある家庭は、子どもたちの学校外の時間を、旅行、キャンプ、スポーツ組織、文化・信仰関連のプログラム、あるいは個人レッスンなど、学校教育を補うために当てることができる。これは低収入層や移民マイノリティーの家庭には当てはまらない。１９９０年代の初め、このような格差の問題は、教育研究や発達心理学の重要な研究領域となり、教育と学習を過剰に学校教育と同一視することは誤りであることが指摘され、むしろ若者発達（youth development）の概念を使うようになった。若者発達は、若者を問題の視点から見る立場から、資源とみなす見方へ、予防モデルから、彼らの強さと能力の上に立って、自らのコミュニティの中で大人として成功できるような発達を築くアプローチへのパラダイムシフトである（National Collaboration for Youth, 1996, p.1）。

二つのことが問われるようになった。学校外教育や文化的向上活動は、どの程度学校での成績に寄与するのか？ どのような学校外活動の時間配分が、若者の発達を促進するのか？ エドムンド・ゴードンと共同研究者たちは、高い学業成績をもたらし、人間関係資本と社会資本を育む多様な向上経験を、補充教育（supplement education）ということばで特徴づけた。彼らが進めている研究では、このような経験に誰でもアクセス可能にするような研究、政策の転換、家庭とコミュニティでの実践の重要性を明らかにし、推奨している（Bridglall, 2005; Gordon, 1999; Gordon et al., 2005）。（他に補償学習（complementary learning）もある。これは、ハーバード家族研究プロジェクトの提唱である。http://www.gse.harvard.edu/hfrp/）。

この流れでは、学校外プログラムは、教育の補充環境と見なされる。同時に、学校外プログラムが特定の成果（テストの高得点等）に結びつくというエビデンスが要求される。また、これらのプログラムは、宿題の手助けを提供したり学校カリキュラムに忠実に沿うことで、学校的になるという圧力にさらされる。だがこうした圧力は、かえって学校外プログラムを補充でも補償でもないものにしてしまうだろう。こうした状況は学校外研究の急速な振興に貢献し、社会文化的で活動理論的なヴィゴツキーの原理、とくに、パフォーマンスに基礎をおいた、文化指向的なプログラムに合致する知見をもたらすことになった。

学校外の文化的な芸術プログラムへの参加が子どもと成人によい影響をもたらすということは、何十年も前から、芸術教育者や演劇実践家には当然のことだった。これらのプログラムに参加した実践家と子どもたちは、人生が大きく変わり、たしかな情熱を感じ、自信を得た等の逸話的なストーリーを非公式ながら共有している。いまや研究者と教育評価の専門家も研究報告を始めている。大規模な定量研究や特定プログラムに関する定性的研究がなされ、若者に対する演劇実践、パフォーマンスアート、アートプログラムは、さまざまな観点から発達的だとの知見が示されている（Art Education Partnership, 1999; Carnegie Council on Adolescent Development, 1992; Heath, 2000; Heath, Soep & Roach, 1998; Gordon, Bridglall & Meroe, 2005; Jones, 2003; Mahoney, Larson & Eccles, 2005）。報告された利点として、とくにパフォーマンスアート・プログラムのｚｐｄ的な特性が指摘されている。たとえば、グループとして創造し学ぶことを通して、若者の相互の態度に生じるポジティヴな変化がある。また、成功したプロから学ぶことで大人との良好な関係を結ぶ機会が若者に提供されることがある。またこのようなプログラムの特徴として、学習プロセスに積極的に、長期に関与できることも挙げられている（この領域の研究者はｚｐｄに言及してはいない。私が、彼らの研究にｚｐｄを読み取ったのである）。

学校外プログラムとパフォーマンスアートを見てきたヴィゴツキー派の研究者は、この種のプログラムで成立する学習の社会的性質に照準を合わせてきた。彼らは、足場掛けとしてのｚｐｄ概念によって、若者が文化的人工物を自分のものにするときに、どのような大人のガイドが有効かを描き出そうとしてきた（たとえば、Betts, 2006; Cooper, 2004; Klein, 2007; Penuel, 1998; Salmon, 1980）。この種のタイプの研究のうち、もっとも大規模で今も継続しているのが、マイケル・コールたちの分散識字コンソーシアム（Distributed Literacy Consortium, Cole et al., 2006）である。この放課後プログラムのモデルは学業成績を引き上げるためにデザインされたもので、第5次元（The Fifth Dimension）と呼ばれる。第5次元は、文化歴史的活動理論を実践指針とも研究対象ともしながら開発されてきた（Brown & Cole, http://ichc.ucsd.edu/People/MCole/browncole.htm）。このプログラムでは、コミュニティセンターを会場にして、大人のスタッフやコミュニティカレッジや大学でフィールドワークの授業を履修している大学院生に助けられながら、子どもたちがコンピュータゲームやゲーム活動をして遊ぶ。第5次元は、共同問題解決と媒介的道具を使用するｚｐｄとして、そして活動システム（大学－コミュニティの提携、学校区、そしてコミュニティが作るシステム）の一部として考案された。学校改善のための、革新的で実用的道具である第5次元は、アメリカを超えて、デンマーク、スウェーデン、スペイン、メキシコ、ブラジルで応用されている（Cole, et al., 2006, pp.160-167）。

若者発達の観点はもっと広い考え方に立つ。学業成績への効果で学校外プログラムを見るのではなく、若者が情動面でも、社会的にも、文化的にも、そして責任ある市民として発達するのをどのように支援するのかを見るのである（Barton, Watkins & Cahill, 1991; Resnick, Harris & Blum,1993）。若者発達の研究者が目指す利得は、所属感と自己価値、他者との親密でポジティヴな関係、社会的・情動的で知的な挑戦の達成である。

この若者発達の枠組みにおいて、私の紹介した「遊び、パフォーマンスするヴィゴツキー」が登場しつつある。たとえば、コミュニティに基礎をおく若者発達プログラムの研究で、ヒースは、何がプログラムの最高の質なのかについて論じている。それは、若者に、舞台の上だけではなく、プログラムに参加しているあいだ、新しいそれまで経験のない役割をパフォーマンスする機会を与えるものであり、それによって若者は「期待されたこと以外にも、それを超えて活動することができる」というように自分自身を見るようになる（Heath, 2000, p.39）。教育評価の研究領域では、参加評価が若者の発達活動となると、サボー・フローレスが提案している。若者自身が企画運営する学校外活動の調査（Sabo, 2003; Sabo Flores, 2007）で、サボーは若者が「社会的に決定された役割を超えて動く」様子を報告している。

若者は、監督、委員、資金係、研究者、評価者、企画者としてパフォーマンスし、プログラムの中でリーダーとなる。…評価環境は、若者と大人がパフォーマンスを通してつながるなかで、創られねばならない。両者がともに環境の台本を精査し、さまざまな評価役割を即興的に生み出していくのである。このようにパフォーマンスを意識的に用いることで、一種の遊び心が養われ、あれこれと試すことができるようになる。

（Sabo, 2003, pp.17-23）

いくつかの研究を紹介してきたが、フットボールについて少し述べて、締めくくろう。数年前、一つの論考に出会った。これは知るかぎり、ほとんど授業外の時間に関する研究では注目されていない。著者のハーブ・チャイルドレスはエスノグラファーである。ノーザン・カリフォルニア高校の生徒を対象に、学校内の公式の授業や、放課後の組織された活動や仲間たちとの自由活動を1年にわたって参加観察し、その結果を「フットボールが学校よりもましな17の理由」と題する論考にまとめた。彼は言う。「〝フットボール〟を〝音楽〟や〝演劇〟〝サッカー〟に置き換えてもよい。私が述べたことのすべてが、同じように当てはまるだろう。学校よりフットボールのほうがましだと言うとき、私が実際に言いたいのは、フットボールでさえ学校よりもましだ、ということだ」（Childress, 1998, p.617）。17の理由には、上述してきた利点も含まれているが、リストには若者の発達におけるパフォーマンスの重要性を示すものが含まれている。十代の若者は秀でるよう奨励され、自分の役割を進んで選択し、称賛される（コミュニティは彼らを見に出かける）。情動や人とのつながりが彼らの活動の一部として期待されている。予期せぬ出来事が常に起こる。反復も立派な行為とされる。他の人びとの面前でのパフォーマンスが期待される（Childress, 1998）。私は、これは立派に、学習が先導する発達環境であると思う。

アイデンティティをパフォーマンスする

ニューマンが心理療法をするにあたって出会ったパラドクスを思い起こそう。内的生活など信じていないニューマンも、自分の内的生活を語ることができる、というパラドクスだ。若者の発達プログラムに長年関わってきて、私も同じパラドクスに直面していることに気づいた。私はアイデンティティなどというものを信じてはいないが、（発達心理学の教科書にあるように）青年期はアイデンティティ確立の時期なのである。セラピーにおける語りのパラドクスの理解にヴィゴツキーが役に立ったように、アイデンティティの理解にも役立つ。そして役立ったのがヴィゴツキーの心理療法に関する著作ではないのと同じく、とりわけ参考になったのはヴィゴツキーの青年期に関する著作〔『青年期の人格の力動性と構造』（Vygotsky, 2004b）や『青年期の想像と創造性』（Vygotsky, 1994b）〕ではない。どちらの場合も、「他者」と継続的につながりつつ他者を取り込む人間実践が、きわめてユニークなかたちで人間の学習と発達を形成する、というヴィゴツキーの一貫した主張が啓示的なのである。そしてこのことがもっとも生き生きと描かれているのは、言語と遊びの分析においてであることは既に述べた。これは、哲学的－心理学的な自己と他者、内界と外界、持続と変化の二元論から逃れ、自己と他者、内界と外界、持続と変化の統合という弁証法的関係性を明確にする試みなのである。

この枠組みでアイデンティティを考えることは、アイデンティティにふさわしくない、奇妙なことに思えるかもしれない。人は、話し、学習し、問題解決し、概念を作り、知覚し、誰かを愛し、戦い、その他さまざまに実践する人として発達し、他者とつながり、他者を取り込むことでより有能になることができる（できない場合もある）。あるいは、このようにして発達することが停止したり、発達する能力をまったく失ってしまうこともある。しかし、アイデンティティはそうではない。概念的に言って、アイデンティティは上手になったり下手になったりするというものではない。それは人びとがもっているものである。一度形成されると、生涯を通して変化することはない（そして、「アイデンティティ喪失」は病理と考えられている）。永続するということは、アイデンティティは発達ではない。以下に示すように、若者の学校外活動から、私はヴィゴツキーの発達枠組みと矛盾することなくアイデンティティを理解する道筋を見つけた。社会的な完成活動と見れば、アイデンティティは奇妙なものではなくなる。それは形成されるのではなく、話すことのように、パフォーマンスされるのだ。子ども時代を超えて発達し続けることは、アイデンティティをパフォーマンスし続けることを意味する。[1]

アイデンティティをパフォーマンスするのに最適なのは劇場の舞台である。台本がある場合も即興の場合も、俳優に自分以外の誰かを作り出すことを要求する。自分を用いて、自分ではない誰かを生み出すことを要求する。ここで鍵となるフレーズは、「自分を用いて」である。というのも、舞台上の俳優は自分が誰であるかを見失うことはないからである。俳優は、キャラクターであると同時に自分自身である。ジェームズ・ガンドルフィーノがトニー・ソプラノを演じるときも、ジェームズ・ガンドルフィーノであることをやめない（ちょうど3歳児が、スーパーヒーローごっこで遊んでいるときに自分であることをやめないように）。パフォーマンスは、永続と変化の二者択一、私であるかないかといったリアリティー・パラダイムの嘘の皮を剥ぐのである。人は永続しながら変化し続け、自分自身でありながら自分以外の誰かでもある。舞台上でアイデンティティをパフォーマンスする経験／活動によって、人びとは心理学的構成体としてのアイデンティティを超えることができ、自分自身を理解し、自分につながることが可能になる。

アイデンティティと舞台の上でのパフォーマンスについての私の考えを例証するために、ニューヨーク市で実践された、YO！〔Youth OnStage！（舞台の上の若者）〕と呼ばれる学校外演劇プログラムに参加した、若い俳優の一人称物語を紹介してみよう。YO！は、オールスター・プロジェクトのプログラムの一つである。オールスター・プロジェクトは、ニューマンや私、そして仲間たちが、学校外の発達的学習を発展させるための場所を創ろうと試みた環境であり、活動である。[2]

２００５年、YO！は、（1938年に書かれて以来合衆国でひっきりなしに上演されている）ソーントン・ワイルダーの『我らが町（Our Town）』を下敷きに、『わが町（Our City）』を制作した。１９０５年のニューハンプシャーのグローヴァーズ・コーナーではなく、YO！は舞台を２００５年のニューヨークとした。出演者は8人の若い学生の俳優で――14歳から21歳の都市貧困層の若い男女——、YO!の演出家やプロの俳優の助けを得て、劇を作り上げた。出演者は、ウィルダーの戯曲を読み、ブロードウェイの最新上演作のビデオを見て、芝居と自分たちの生活の様子について話し合った。そして町中や地下鉄の駅に行き、演出家に言われたように自分たちとは違う、年齢、性別、民族性や背格好の人びとを観察し、後で互いに演じるために観察結果を持ち帰った。

この経験をもとに、出演者は2人から4人ほどの人物像を作り上げた。次に、たとえば白人警官とホームレスが朝早く公園で出会う、コロンビア大学のキャンパスで中流階級の白人女性とアフリカ系アメリカ人の男性がぎこちない会話を交わすといった、二人の人物が登場する場面を即興で作った。パフォーマンスがステレオタイプで掘り下げ不足の場合には、出演者と演出家が、その掘り下げ不足の登場人物に似た人を捜し出して、役者と会話させ、その登場人物がどういう人物であるか（どういう人物になろうとしているのか）の理解を深めた。たとえば、サウジアラビア出身の女性が見合い結婚の話しにきたり、コロンビア大学の院生がキャンパスライフについて話しにきたり、ニューヨーク市警の警官が巡査とはどういうものか話しにきたりした。

即興で作られたシーンは、録音し文字起こしされた。6週間のうちに、登場人物は命を吹き込まれて、人物同士の関係も発達した。その後、俳優と演出家は、どうやってさまざまな人物とシーンをつなげればよいかを話し合った。演出家は、次に、文字起こしされたシーンを台本化した。台本をもらった出演者は、台本を（とくに台詞を）修正し、最終台本に仕上げた。『我らが町』をもとにしたこの芝居は、3週間の完売公演となった（1年半後リバイバルされて、別の出演者により、ニューヨーク市中の高校や大学で上演された)。

終演からほぼ半年後に、最初の出演者に対して、彼らのYO!との関わりや『我らが都市』を作り上げたときの経験についてインタビューした。インタビューで語られたことの多くが、従来の研究の、演劇実践で若者がリスクを引き受けて情動的、社会的に成長するという知見を裏づけるものだった。若い俳優たちは、自分たちが経験したアイデンティティへの挑戦について話し、その挑戦からどんなふうに成長したかを語った。インタビューのなかから、フランセリ、マイケル、シータの3人のコメントを選んでみた[3]。

フランセリは19歳のドミニカ出身のアメリカ人である。彼女は、アリというブロンクス出身のアラブ系アメリカ人店員と、ブルックリンのベッドステイ出身の都会ずれしたアフリカ系アメリカ人、エリカの二人を、近所で見かける人物から作り上げて演じた。


アリとエリカを演じることで、自分自身の人となり、価値を探ることができました。二人のおかげで、違う見方ができるようになったんです。ほとんど1分ごとに女から男に変身しなければならなかったから、女優としてもとても大変でした。エリカはいくつか私と同じ経験をもっているんですが、私とはまったく違うんです。私はすごく優しいけど、エリカはそうじゃない!…女優としてはすごく難しかったです。というのは、二人になろうとすごく入れ込んだので、彼らのキャラクターに私が入り込みすぎて、二人から自分を切り離して人物になりきるにはどうしたらいいか、見つけ出す必要があったんです。

二人からたくさんのことを学びました。たくさんのものをくれました。たとえばアリ。電車に乗って、乗客を観察しながら、アリのように考えるんです。そういうことは前もやってたけれど、今回は深さが違います。なんでかって言うと、他の人、つまりアリとしてやるから。電車に乗って、観察して、知らない人に声をかけ、ニューヨークをアリの目で見るんです。アリが考えるように私も考え、彼の語り口で話すんです。エリカになると、百万長者のように通りを闊歩して他の人は無視します。二人になりきることで、女優としてだけでなく、人として発達し成長できたと思います。

19歳のアフリカ系アメリカ人のマイケルは、白人警官ジャックと、若いアフリカ系アメリカ人のストリートミュージシャン（バケツドラム）のイサイアを演じた（ジャックは、最近プラットフォームでメトロカードを落としたマイケルに、代わりの切符をくれた白人警官から創作された）。

言いたいのは、『我らが都市』が人生のなかでもっともやりがいがあって、おもしろかったということです。なぜかって言うと、自分たちとはまったく違うキャラを舞台で演じなくてはならなかったからです。……演じるということは、自分とは違う人を作り出すということでしょ。それは絵を描くことと似てる。大きなキャンバスを前にして、それをいろんなものでいっぱいにして、いろんな感情で、いろんな経験でいっぱいにするんです。キャラを作るのは、絵を描くのと同じです。でも、一人でやるんじゃない、みんなで一緒にやるんです。一つのチームとして一緒にやって、みんなで線を引き、それぞれ別のキャラなんだけど、全部の線と全員の心を一緒にするんです。それはとても楽しかったです。リハーサルを欠席した奴なんていませんでした。みんなの雰囲気もすごく良かった。みんなほんとに盛り上がってました。

17歳のシータは、2歳のときにバングラデシュからニューヨークに移ってきた。彼女はブルックリン出身の74歳のアフリカ系アメリカ人と、スタテン島出身の50歳くらいの、とても太ったアイルランド系アメリカ人の高校教師、そして見合い結婚のためにブロンクスを訪れた10代のサウジアラビア人女性の、3人を創作し、演じた。

太鼓腹や黒人のおばあちゃん、アラブの花嫁になるとき、シータでいるっていうことが邪魔になりました。シータであることは許されなくて、単純にそういうことなんです。演劇がすごいのは、こういうことを突破するってことです。もう、自分が誰かは問題じゃない。…人は変化するし、予想するとおりじゃないから、予想で判断しないようにすること、これが私の学んだことです。彼らに演じてもらって、彼らと会話するんです。私の人物の演じ方は、始めと終わりではまったく違っていました。仮想の芝居の世界でも、人は発達するということに気づきました —— そんなこと思っていなかったんですけど。…演劇のおかげで、演技やパフォーマンスのおかげで、今の自分になれたんです。すごくオープンになりました。自分が変わるって考えているかぎり、他の可能性をオープンにしておけます。あれかこれかっていうようには信じません。白か黒かじゃないんです。複雑な陰影やいろんな色を見るし、いろんな色合いを熱狂させたい。もう自分を決めつけません。絶対、もっといろんなことができる。そういうことがわかったんです。

驚くのは、若者が自分の経験や自分自身を、評価や認知のことばではなく、アート、文化、そして情動のことばで語っていることだ(「大きなキャンバスを前にして」、「いろんな色合いを熱狂させたい」)。インタビューから、やり方を知らないことをやるとき、幼児の場合と10代の若者や若い成人の場合で違いがあることがわかる。フランセリ、マイケル、シータの3人は、彼らの行なっている新しいことを、現在の自分たちの生活とは異なるもの、不連続なものとして、こうであるだろうと考えるようになった人物になる挑戦として関わった。このことは上記のインタビューにも、人物を演じるパフォーマンスとは別の側面に対するYO!へのコメントにも現れている。彼らは、アンサンブルのために小さな争いは脇におくこと、プロとしての演技を学ぶことについて語った。しかし一番印象的な語りは、マイケルがインタビューワーに、マンハッタンに来ること自体が冒険だったと語ったことだ。「人生ではじめてだったんです。マンハッタンに来るときは、いつも家族と一緒でした。今までにないことをすること、自分が好きなことをするために、マンハッタンに一人で来るのは本当に冒険でした。」

舞台でパフォーマンスできるなら、人生でもパフォーマンスできる

ＹＯ！に加えて、オールスター・プロジェクト（ニューヨークの商業演劇街の中心部、42丁目にある、複合芸術ビルが本拠地）は、他にも貧しい労働階級コミュニティ出身の若者に向けて、３種類のプログラムを走らせている〔訳注：現在はさらに二つ増えている〕。オールスターは、合衆国内外のいろいろなコミュニティでオールスター・プロジェクトを実施したいと考える若者に、トレーニングと組織的支援を提供している。ニューヨーク市中心部では、オールスター・プロジェクトは毎年5歳から25歳までの数千人の若者を集めて、舞台や人生のパフォーマンスをするさまざまな活動を行なっている。オールスターの職員を助けるボランティアは数百人いて、訓練を受けたプロや、「普通の」、あらゆる階層の人びとが参加する。一部のボランティアはプログラムに直接関わり、他にプログラムの実現のための寄付集めをするボランティアもいる。オールスターは政府からの交付金は一銭も受けていない。そのかわり、財政支援、あるいは希望する場合には直接参加も求めて、すべての所得階層に個人寄付をつのるというユニークな資金調達方法で、毎年数百万ドルを集めている。

20年前に始まって以来、ずっとオールスターを研究してきて確信したことがある。若者がプログラムを実践し発達するには、プログラムの内容と同じく、ボランティアとして、あるいは寄付を通して

参加する、たくさんの大人の貢献が不可欠なのである。ヴィゴツキー派あるいは活動理論のことばで言えば、大人は、社会文化的生態系全体、あるいは活動システムの構成要素なのである（Cole et al., 2006）。つまり、個人の発達を社会的にかたちづくる、多世代参加の特別な形態なのだ。そして参加する大人たちは、重なりあい相互作用する多数で多様なｚｐｄをシステム内に作り出す可能性を、計りきれないほど増大させることも付け加えたい。

オールスターに参加する若者の多くが、マイケルのように自分の家の近所から出たことがない。近所では「何もやることがない」と彼らは言う。毎年、米国は連邦基金で運営される「21世紀コミュニティ学習センター（21st Community Learning Center）」を通して、十億ドル以上を使って、放課後養育プログラムを実施している（Bodilly & Beckett, 2005）。慈善団体、文化団体やコミュニティ組織が、さらに数百万ドル以上を費やしている。多分、どの最貧地区にも放課後プログラムがあるに違いない。若者は、この種のプログラムをどう見ているのだろうか？　オールスターのボランティアや参加者のフォーカスグループの語るコメントから、いろいろとわかってくる（Holzman, 2002）。ほとんどの放課後プログラムは、特別な人向けのものと感じられており（「プログラムに参加するには、妊娠するか、さもなければギャングにならないとね」）、その理由は資金の出所にある（「そういうところは、こういうグループ、ああいうグループを援助するため政府からお金をもらっているからね」）。逆に、オールスターは誰でも参加できると感じている（「資金は普通の人たちからのもので、普通の人びとのために使われる[4]」）。

私は、若者が自分たちのために用意されたプログラムの、資金やスタッフのことまで考えているとは思ってもみなかった。多分、大半の者は気にしていないが、特定の若者であれ気づかせているのはオールスターの他と異なる点なのかもしれない。観察から、彼らが全体の環境のなかで大人とつながっていることを意識しているとわかる。すなわち、オールスターの環境全体と、彼らの社会–政治–経済的な環境と、広い文化（オールスター環境はその一部である）について意識しているのだ。彼らは、オールスターがワシントンあるいは財政支援団体からの制約を何も受けないことを知っている。プログラムに参加できるのは、特別なレッテルを貼られた子どもではないことを知っている。一緒にやってくれる大人たちは、一緒にやりたいからやっているということも知っている。若者はプログラムの作り手であり、作り手だと感じており、このことが、若者に自分が何者か、何が可能かのまったく新しい感覚をもたらすのである。

「もし舞台でパフォーマンスできれば、人生でもパフォーマンスできる」というのが、オールスターの若者プログラムのディレクター、パム・ルイスの持論である。インスティチュートの最古の、そして最大の若者プログラムであるオールスター・タレントショー・ネットワーク（ＡＳＴＮ）の土曜日のセッションのあいだじゅう、彼女はこのメッセージを高校の講堂のステージから叫び続けている。ルイスは、カンサスからニューヨークに出てきてすぐに、ＡＳＴＮを指導する機会を得た。中流アフリカ系アメリカ人の家庭に育った俳優であり歌手であるルイスは、政治活動家でもある。最初に反アパルトヘイト運動に共鳴し、次に政党に頼らない独立投票活動を通して合衆国の政治風土を多様な人種の協働により転換しようとする活動に没頭した。パフォーマンスを都市貧困層の若者に提供することは、彼女自身が本能的に感じること――舞台でパフォーマンスすることの転換の力――と知的に知ったこと――有色の若者も含めたアメリカ人は自分たちの社会的政策課題について政治の転換を果たしていない――を、一つにする彼女のやり方なのである。

ASTNは、1980年代の半ばに生まれ、ニューマンと私の、パフォーマンスはソーシャルセラピーと教育において人間を発達させる道具と結果の弁証法的活動であるという理解／実践に影響を受けてきた。ASTN創設者たちは、アフリカ系アメリカ人やラテン系の子どもたちの教育に学校が失敗しており、彼らの近隣に彼らを発達させる活動が何もないことに直面して、子どもたちに何か役立つことをしたいと望んだ。学校にあがる年齢になると、創造的になれる環境はほとんどなくなり、自分たちのやり方で創造的になれる場所もますますなくなる。音楽とダンスは創造的な環境の一つであり、アフリカ系アメリカ人のコミュニティではタレントショーがそうした文化の一部分であった。若者が舞台でパフォーマンスするのが好きであることを「利用」して、彼ら自身の、そしてコミュニティの発達のために、タレントショーを使えるのではないかと考えた。そこで、参加した人全員が本選に出られるが、そのためには即興パフォーマンスのワークショップに参加することで、責任をもってショー当日の観衆を組織できるようにする、オーディションを近隣で開催することを構想した。これが舞台でのパフォーマンスと生活でのパフォーマンスをつなぐためのデザインだった。

ASTNでは、5歳から25歳までの若者が参加者となって、ニューヨーク中の主として貧しい黒人とラテン系の居住地区で開催されるタレントショーをプロデュースし、パフォーマンスする。20年以上前に始まったときには、オーディション、ワークショップ、ショーは、教会の地下室や、貧困地区のコミュニティセンターで行なわれた。だんだん大規模になり、高校の講堂が、貧困地区での聴衆を収容できる唯一の会場となった。現在、ワークショップはマンハッタンにあるオールスターの拠点で行なっている。場所の違いは、いまや数百人の子どもや10代の若者が、今までやったことのないことをするために、住んでいる近隣地区を離れて、マンハッタンにやって来る。これは、本当に多くの若者にとって、大きな一歩となっている。子どもと若者たちは、ソロで、2人、3人で、あるいは多くが異年齢の、20人以上のダンスグループで参加する。他の若者は、プロの演劇関係者やボランティアと一緒に、舞台制作のあらゆることに携わる。音声、照明、キュー係、舞台監督、劇場案内、警備、受付などすべてやる。一度パフォーマンスに参加したことのある若者が次にはボランティアになり、出演者かボランティアになる近所の小さい子を集め、教える役になる。通常、一つのタレントショーで200人から400人の若者がオーディションとワークショップに参加する。実際のタレントショーは、ワークショップから3週間後に行なわれるが、出演者からチケットを買った800人から1500人の家族、友達、一般参加者の前でパフォーマンスする。[5]

オーディションを経て友達や見知らぬ人びとの前でのパフォーマンスは、多くの若者にとってとても深い経験となる（プログラムについての調査で、11歳の少女が「何にもできないと思っていた」と書いている）。ショーに参加した人の多くが、一つのショーだけでなくオールスターに積極的に関与し、将来再びオールスターに帰ってくる人も多い。帰ってきた経験者は、このプログラムでストリートに近づかず、トラブルに巻き込まれなくなり、ポジティヴになり、「集中できるようになり」、大人との会話のしかたを学び、「麻薬服用死亡者として統計に数えられるのではなく、リーダーになった」と認めている。

最初のころ、ASTNは積極的に暴力やギャングに替わる有用なプログラムと考えられて奨励されていた。つまり若者が承認を受けたり所属したりする場所を提供するプログラムとして考えられていた。ASTNがこのような機能を果たしているのは確かだが、現在は発達のためのプログラムだと言われるようになった。3つの理由で、このほうがふさわしいと思う。第一に、この捉え方のほうがプログラムのミッションの基礎となっている、生成（becoming）の心理学を示している。第二に、発達的ということで、プログラムが問題解決を指向しているというニュアンスをもたれずにすむ。言い変えれば、プログラムのミッションが学業成績の伸張だという誤解を最小限にできる。そして第三に、参加する若者、家族、ボランティア、寄付者のあいだで、パフォーマンスと発達について会話する道が開かれる。私の理解では、ASTNはzpdの活動であり、文化を創造する活動である。この活動には、さまざまな年齢の、多様な文化と民族性の背景をもつ人びとと、異なる発達や経験・スキルをもつ人びとが集う。この多様な人びとが舞台を作り上げ、そこで若者は「自らの主張をする」ことができ、その過程で成功と協働の経験をする。そして、この経験を家族とコミュニティ全体で共有してもらう。このことは、ほんのわずかにせよアイデンティティを超えるものであり、パム・ルイスが人生のパフォーマンスに込めた意味を少しでも味わうのを助けるのである。

新しいステージ

YO!とASTNに加えて、オールスターには二つの若者プログラムがある。一つはジョセフ・フォルジオーネ若者のための発達学校(Joseph A. Forgione Developmental School for Youth)と、若者による若者のプロダクション(Production of Youth by Youth)である。多くの学校外のプログラムと同じく、オールスターのプログラムも、若者を広い世界に触れさせることをねらいにしている。異なる文化や習慣、科学、技術、スポーツやアートと焦点はいろいろだが、自分を豊かにする活動は若者の興味に火をつけ、才能を発見し発達させる機会を与えるためにデザインされている。これらの目標は確かに重要であるが、オールスターにとっては二次的なものだ。というのもオールスターでは、若者がもっと世界に開かれた存在になることが、発達の核心だと考えるからである。

このことは、オールスター・プログラムに参加する、貧困層の子どもや有色の子どもたちにはとくに重要なことである。ほとんどすべての子どもたちにとっての世界は、集合住宅(公共住宅)と街角でしかない。19歳の子どもが自分で地下鉄に乗ってマンハッタンまで来たこともなく、親戚を訪ねる以外に旅行したことがなく、ライブの劇場に行ったことがなく、葬式か裁判所に行く以外にはスーツを着たこともないという状況が、世界でもっともコスモポリタンな都市であるニューヨークで当たり前なのだ（他の都市の貧しいコミュニティでもそうだろう）。世界に開かれていないことは、人種差別、階級主義、分離、そして貧困が作り出した環境の小ささの結果である。世界には、数百の通常のつながり方が存在するが、非常に貧しいコミュニティ出身の子どもや若者は、決してこのような多様なつながりに触れることはできない。彼らは、参加するための慣習を知らないので、自分の近所ではない場所では、非常に居心地の悪い思いをする。若者たちは自分が、外部者から歓迎されていないと感じる。外部の人びともまた居心地悪く感じる。オールスターは、パフォーマンスを用いて、この文化的剥奪に介入する方法論を開発した。黒人文化や若者文化を美化することも拒絶することもせず、このプログラムは若者を世界に開かれ、より洗練された文化的コスモポリタンに育てるのである。これは若者がより自分でありながら、より自分でないものともなることなのである。

ここでアイデンティティの問題に立ち返ってみよう。アイデンティティの外に出る、あるいは超えるために、アイデンティティをパフォーマンスしアイデンティティと遊ぶということが何を意味するのかを考えてみよう。アイデンティティは、世界に開かれたり洗練されたりすることへの（意図せざる）抵抗ないし沈黙である。私たちは、ときには意識的に ―― 外国に行ったときなど、「私はアメリカ人だ」と思うように ――、または無意識的に ―― たくさんの十代の若者が大きな声を出しながら公共の場にやって来たときに身を固くするなど ――、アイデンティティによって応答する。私たちは皆、アイデンティティによって制約されている。時や場所によって度合いもさまざまであるが、自分のキャラクターをはみ出して何かするのは、心地よくないし怖い。固定したアイデンティティは、若者をとくに保守的にする。とりわけ、有色の貧困層や移民の若者を引っ込み思案にし、人生の旅にブレーキをかける。私は、オールスターのパフォーマンスの方法論は、都市貧困層の若者およびコミュニティが抱える発達と教育の危機への、特別な答えとなると思う。それは、若者の全面的発達の支援の試みである。ここで言う全面的発達とは、若者が世界にも文化にも開かれたコスモポリタンになることであり、それには他者の取り入れを制約するアイデンティティの影響を小さくすることが必要となる。

レノラ・フラニは、このような方法論および、方法論が発するメッセージの発展において重要な人物である。彼女は歯に衣着せぬ論争的な政治活動家であり（彼女は、全米50州で大統領選を戦った初めてのアフリカ系アメリカ人である）、発達心理学者でもある。彼女はニューマンとともにオールスターを創設し、私たちの成ることの心理学を作り上げるに当たって自らのスキルと経験を与えてくれた。彼女は、若者のための発達学校（Developmental School for Youth）を立ち上げた（フラニと私は1970年代の後半、ロックフェラー大学のマイケル・コールのラボで出会い、それ以来の友人であり、仲間である）。彼女は、アメリカ白人社会で黒人であることについて強烈な意見をもっており、それは以下の『人種差別の陰のアメリカ（*America Behind the Color Line*）』というエッセーによく現れている（Gates, 2004）。

私たちが暮らすのは、優等と劣等の国である。白人の経験は優れており、黒人の経験は劣っていると見られている。そしてほとんどのアメリカの制度は優れた人びとのために作られている。人種問題と何の関わりももたないことでさえも、黒か白かで捉えられる。私たちのコミュニティには、黒人の行動と白人の行動があるという感覚がある。…白人の子は体制の内部にいるし、自分でもそう思っている。白人の子はアメリカの本流につながっている。私たちの子どもは、部外者だと感じている。彼らはまさに部外者であるからであり、これこそが取り組むべき問題なのである。（Fulani, 2004, pp.107-108）

この問題に取り組むにはパフォーマンスしかないと、フラニは信じている。「たくさんの黒人の子どもたちが、今現在やれるパフォーマンスが黒人としての自分のもっとも大切なものだと考えている。しかし、他のパフォーマンスも学習できるし、他のなんだって学習できるのだ」（Fulani, 2004, p.104）。若者と一緒にボランティアとして活動する専門職業をもつ大人をトレーニングするときには、フラニは次のように言う。

私はボランティアに、白人になれるように教えてくださいとお願いする。するとボランティアたちは黒人文化を侵害するのではないかと恐れるのか、椅子から転げ落ちんばかりに驚く。私を信じてください、そうしても、子どもたちは黒人のままです、と私は言う。でもこの世界で、結局のところ誰しもが働かねばならないのだから、どうしてこの機会に、白人の成功の秘密を子どもたちに分け与えて、この世界で成功するのを助けないのだろう？ ここで〝白人〟というのは、中流階級、中流の上階級の記号だが、それはまた、貧困地区の多くの人びとが、今の自分を超えて移行するものの記号でもある。

（Fulani, 2004, p.116）

伝統的なアイデンティティ概念へのこのような挑戦は、若者のための発達学校（ＤＳＹ）と、若者による若者のプロダクション（ＰＹＢＹ）の二つのプログラムの核をなしている。１９９７年に始まったＤＳＹは、16歳から21歳までの若者のための13週間のリーダーシップ育成プログラム、企業や法律事務所の上級職がボランティアとなり、金融産業、文化産業、通信産業等の主要産業の世界を、若者たちに紹介するプログラムである。[6]このプログラムは、企業コミュニティの援助者が、貧困層の若者発達に直接献身するユニークなパートナーシップを作り上げるというコンセプトにもとづいている。オールスターのＣＥＯである、ガブリエル・カーランダーは次のように説明する。

ＤＳＹによって、私たちは、道具主義的ではない、新しい慈善事業のモデルを開発しています。寄付者がお金以外のものを寄付することで、貧困コミュニティを発達させることができるのです。それどころか、このデザインによって、パートナーシップに参加する企業側の人にも発達をもたらすモデルとなっています。新しいものを一緒に創造することで、寄付者と主に貧しいマイノリティーの若者たちは、ともに発達に引き込まれることになります。私たちは、大きな差異をもつ文化のあいだに会話を作り出そうとしているのです。

（Kurlander, 2008. 私信[7]）

2005年に創設されたPYBYは、高校生に文化産業の世界を紹介する、4ヶ月のプログラムである。プログラムは、DSYモデルのいくつかの要素を踏襲しながら、文化産業特有の要素も加えて作られ、演劇、テレビ、音楽プロデューサー、美術館学芸員、ギャラリー経営者がワークショップを運営する。現場探訪では、演劇、テレビ、音楽やグラフィックアートが、どういうふうに作られ流通するかを見学する。また、それぞれの文化に関する討論会も催される。DSY修了者には有給の夏期インターンシップが用意され、一方PYBY修了者にも、無給だが8週間のインターンシップがある。

プログラムで働く大人も、私のような観察者も、世界に開かれておらず、アイデンティティや自分と他者について抱く思い込みと格闘する若者たちの懸命の取り組みの様子を見ることができる。プログラムのコースに参加しているあいだに、どんな具合か、プログラムはどうかと聞かれると、若者は自分たちがどういうふうに変化しているかを語ってくれた。ときおり、フォーカスグループ・インタビューや、調査を通して、彼らの応答を集約した。

これらの若者に共通するのは、以前に述べた、学習が先導する発達の「自分はできる、という発見」である。すなわち、やり方を知らないことをどうしたらできるかを発見するだけでなく、同じくらい重要な、自分はそれができるという発見である。ある18歳男性のDSY修了生は、「自分はただブルックリン出身の黒人の子というだけでなく、良いことができるし、人生をより善いものにできるんだとわかった」と述べている。17歳のPYBYに参加した女子は、「プロデューサーの皆さんに会って、物の見方が変わったわ。ほんとのことを言えば、変わるなんて信じられなかったの。夢は叶うという希望を少しもてるようになった」と、自分の経験を教えてくれた。

複数の若者が、自分自身を見る見方がどんなふうに変わったのか明らかにしてくれた。ファッションデザイナー志望の18歳男子は、次のように語っている。

私は自信と傲慢の違いを学びました。私はシャイでしたが、ある意味傲慢な人間でした。このプログラムに参加して、たくさんの人に会って、自分が思うほどはわかっていなかったとわかりました。デザイナーというものが、私の思っていたよりも遥かに込み入ったことだとわかったんです。ともかく、理由はわからないけれど、あまり傲慢でなくなり、代わりに自信をもてた気がします。

19歳女子のDSY修了生は、こう自分について語っている。「前は、本当に、自分の居心地のいい場所から出たくなかったわ。今、たくさんのことをやっている自分がいます。あまりに居心地がよくなってきたら、何かにチャレンジしようとするようになったの。」他のDSY修了生は、「世界は住み暮らすには混沌としていると思っていたんだ。世界を軽蔑していた。今は、世界を受け入れて、ここにいることが誇らしい気分です」と語った。

若者は、また、さまざまな種類の人びとに触れたことについても話す。学校とオールスター・プログラムを比較することも多い。「たくさんの多様な人びとに出会って、さまざまな文化について学びました。私の学校はほとんど黒人ばかりなので、他の文化を学んだことはないけど、オールスターでは学べる。」若者たちは、人びととの出会いで得たもの、他の人びとについて学んだことを語った。「私が会った人は、情熱に突き動かされて、やりとげているんです。」「私が知っている人たちは、皆、同じことをしている。大人たちだって、他の知り合いと同じように生きている。前は、プロデューサーのように、特別で違うことをしている人を知りませんでした。」「受付を通らしてもらえないんじゃないかと思っていた。でも、すごく親切だし、私たちに興味をもってくれたの。」「何に対してもポジティヴで、私もそんなふうにしてみたい、と思うような人たちでした。」

この章の始めに、ヴィゴツキーの洞察を学校外の生活に適用することは、学校では経験しないことをする機会を子どもや若者に与えるということなのだと述べた。それはつまり、ケア、興味関心、好奇心、情熱の社会的パフォーマンス（知性と情動の統合に表現を与えるパフォーマンス）に取り組ませることである。幼児の学習と発達は、過剰に認知的に決定されてはいないので、ほとんどがこの種の社会的パフォーマンスである。就学前には学習が先導する発達環境（ｚｐｄ）が共同的に創造され、話すこと、聞くこと、食べること、着飾ること、お話作りなどのパフォーマンスを遊びに満ちた即興的なものにする。パフォーマンス空間を作りパフォーマンスすることは、既に述べたように、創造的模倣と完成活動の相互作用である。これは、人間が、やり方を知らないことをやり始め、そういう活動のなかから学習し成長することの私なりの説明である。私はこの相互作用を、「他者の取り入れ」として特徴づけた。人は、他者を通して自分を形成してゆく。これは、学習と発達は基本的に社会的活動であるとするヴィゴツキーの主張を、私なりに精緻にしたものだ。

他者の取り入れは、「私」が十分形成される以前の幼児期には、比較的容易で苦労なしに可能だ。だが「私」の確立後には、他者の取り入れは違った活動になる。というのも、そうしている「私」がいるからである。あなたがどうやればよいか知らないことをやるとき、いまや、どうやればよいかを知らないあなたがいるという自覚がある。創造的に模倣し他者に自らの完成をゆだねることは、あるレベルで、そうするという決定を含んでいる。遊び／パフォーマンスには、いまや、自我の感覚を保ちながら遊び／パフォーマンスするという要素が加わっている。この新しい発達は、なぜ学校外活動が学校よりも有益な学習環境となるのかを理解する上でも、どのように学校外活動が若者の発達を促進するのかを理解するためにも、重要であるように思われる。

この視点から学校外プログラムを見ると、今環境として述べたオールスター・プログラムは、学齢期の子どもたちと若者が自我の感覚を保ちながら、他者を創造的に模倣し、その過程で他者を取り入れて（そうすると決め）パフォーマンスし、より世界に開かれた存在になるようにデザインされている。世界に開かれるプロセスは、幼児が世界に開かれるときにすることとは相当違っている（ピアジェ以来の発達心理学者が「世界について学ぶ、あるいは世界の概念を獲得する」と呼んだものとは違っている）。しかしながら、方法論的には、幼稚園児も学齢期の子どもたちも、自分になったり誰かになったりして、アクティヴに遊んでいる。すべての発達的学校外活動は、この意味でパフォーマンスなのである。フットボール場で見るのもパフォーマンスである。若者の参加型評価ではまた別様のパフォーマンスを見る。もし第五次元プロジェクトや他の新しい効果的放課後プロジェクトを観察したとしたら、そこにまた別様のパフォーマンスを見るであろう。

よく言われる「子どもは私たちの未来だ」という表現には不愉快になる。善意の表現であるとはわかっているが、これは「存ること」と「成ること」を分離し、若者を創造者としてではなく、大人が作ったものを受動的に受け取るものとみなしているように聞こえるのである。人間の、過去、現在、未来の歴史は、年齢とは関連がない。大人と子どもは一緒に文化を作り上げる。大人がこのことを忘れれば忘れるほど、不幸なことに、子どもたちは大人の再現としての未来でしかなくなるのである。

第5章　仕事場で——自分を見つめる

20世紀の物理学の根本的洞察は、いまだ社会的世界には浸透していない。モノそのものよりも関係性が基礎的であるという洞察である。

（Senge et al., *Presence: An Exploration of Profound Change in People, Organization & Society*, 2005, p.193. 強調は原文通り）

都市貧困層の若者に対して、舞台でパフォーマンスできれば人生でもパフォーマンスできる、と語るオールスターのパム・ルイスと同じく——そしてまた彼女とは違って——、キャシー・ローズ・サリットは、「業績著しい」企業重役、中間管理職、経済アナリスト、オリンピック競技者を招いて、舞台でパフォーマンスしてもらっている。熟練の歌手であり即興喜劇俳優でもあるサリットは、パフォーマンスが人間発達の道具と結果の弁証法的活動だとする、ニューマンと私のパフォーマンスの理解と実践を取り入れて、ルイスと同趣旨のメッセージを発信している。だがサリットは、都市貧困層や移民の子どもたちにではなく、多国籍企業や国際機関のために、成功をおさめた実業家たちと共にワークショップを行なっている。彼女は、第2章で述べた、ニューマンがパフォーマンスを実験した週末ソーシャルセラピーの出身者だ。ニューマンとは長い友人であり、政治活動の仲間でもある。彼女がセラピーを卒業した後、ニューマンは、彼女に新しいプロジェクトへの協力を依頼し、二人は、人生のパフォーマンス、会話による成長劇場（Performance of a Lifetime, Interactive Growth Theater）を始めた。このアイディアは、俳優ではない素人に即興パフォーマンスを演じさせて、治療効果を経験してもらうというものだった。参加者は、4週にわたって毎週集まり、即興劇を作り、有料の舞台で観客を前に演じたのであった。

1996年から1999年のあいだに、400人がこのセッションに参加した（観客は2000人以上だった）。少数ではあるが「満足した客」が次々と、人生のパフォーマンス（Performance of a Lifetime: POAL）が会社に来て、緊張関係、チームワーク、意見の相違への取り組みを支援するようなワークショップをやってくれないかと言ってきた。POALの企業向けへの特化が議論された。数十におよぶ企業向けのパフォーマンス訓練法をまとめ、これらの訓練法が個人よりも企業に対して効果があるとわかって、2000年にPOAL劇団は企業世界に照準を合わせた。劇団代表のサリットは、企業世界の舞台で今日もパフォーマンスしている。

現在、POALは一般向けの会話による成長劇場は行なっていないが、企業向けのワークには今でもこのモデルのエッセンスが詰まっている。それは、（a）パフォーマンス環境を創る必須の要素である、演劇のことばで参加者に語りかけること、（b）舞台という「権威」を利用して参加者に非日常的なことを演じさせ、「何をしてよいか」の見方を拡張すること、（c）参加者に自分が関係作り活動の作り手であり、新しい社会関係を即興的に作り上げる者であることを経験させること、の３つである。

シカゴのセカンドシティー・コミュニケーションズ（有名なセカンドシティー即興劇団の企業部門）とならんで、ＰＯＡＬは演劇と即興の道具を企業に持ち込んだパイオニアの一つである。この種の研修は、多くの企業が組織形態をトップダウンのヒエラルキーからワークチームによる水平組織に移行し、俳優や即興劇団が企業向けの訓練事務所やコンサルティング事務所をオープンし始めた10年くらい前から、拡大してきている（Friedman, 1999; Nissley, Taylor & Houden, 2004）。この拡大のなか、即興がチーム作りと創造性を促進するモデル活動となるという理解にもとづいて、学問にも組織活動と演劇活動論をつなぐ動きが形成されてきており、私はこの動向を歓迎している。私は以前から即興パフォーマンスの価値を確信していた。即興パフォーマンスは、ヴィゴツキーが幼児の自由遊び（道具と結果の遊び）に見出した環境の制約（「現実」）からの自由に、もっとも近づける方法だからである。そこでセラピー、若者の発達、教育に、組織の発達（と組織研究）が加わるのは当然のことであった。

学問研究でもコンサルタントでもよく言及される即興のもたらす利点は、以下のようなものである。自分で考えられるようになること、台本なしでもできるようになること、予見や予想のできないことにも素早く対応できること、「常識を打ち破る」こと（Sawyer, 2000; Vera & Crossan, 2004）。これには、

ＰＯＡＬも私も賛成だ。しかしＰＯＡＬは、即興を企業組織に導入することのこれらの利点に、さらに別の次元を加えるものであると思う。すなわち、モノローグに対してダイアローグの次元を、個人的に対して関係論的次元を、結果のための道具に対して道具と結果の弁証法の次元を、反応に対して生成的次元を、獲得に対して発達的次元を追加するのである。ＰＯＡＬが注目し支援しようとするのは、予見できないものに対する創造的な対応能力だけでなく、予見できないものごとを生成する能力である。

これらの次元に、他の関心から即興について論じてきた人たちも気づいていた。たとえば、組織発達のコンサルタントでありジャズピアニストのフランク・バレットは、会話の即興を、ジャズのインプロビゼーションにおける「美的な調和」に結びつけている。ここで言う調和とは、「お互いの緊密な関係を保ちながら、生まれつつあるアイディアに耳を傾け、予期できない方向へ進むかもしれない合図に注意を向ける」ことである（Barrett, 2006, pp.275, 276）。組織心理学者のカール・ウェイクにとっては、即興において「創造と解釈は分離できない。即興では意思決定よりも意味生成を体現しなければならない」（Weick, 2000, p.291）。「即興の複雑さと複雑さの即興 ── 社会科学、アート、創造性」と題する論文で、アルフォンソン・モンチュオリは、即興実践が社会科学、組織、行為、そして主観性に関する伝統的思考法に対してどのような挑戦となるかを論じている。私は、次の指摘に強く共感する。「複雑な世界での生活、そして自己と世界の両方の複雑さを反映しかつ価値あるものとする生活では、即興の能力が必要とされる。予見できないもの、つまり驚きに対処するだけでなく、驚きを作り出す能力が必要とされる」（Montuori, 2003, p.240）。社会関係のなかで、関係を生み出しそれを反映してもいる会話で驚きを作り出すには、環境が提供するものに目を凝らし、耳を傾けることが必要だ。

私が即興を組織に持ち込んだPOALや他の活動に初めて研究的関心を向けたのは2000年のことであったが、関心を以下の一連の問いにまとめてみた（明らかに気負った書き方であるが）。

> もしヴィゴツキーが正しく、パフォーマンスすることが私たちの学習と発達のあり方であるのなら、現在ビジネスリーダーが語る「生きた組織」「学習する組織」「情熱あふれる組織」は、自らを「パフォーマンスする組織」であると認識する必要があるのではないか？　もし人びとが家庭、学校、劇場、野球場、セラピー診療所で集合的にzpdを作ることで創造性と成長が実現されるのなら、管理職と雇用者は、仕事場にzpdを作ることを学べるのではないか？　舞台に立つことで「演じる自分」に触れ、常に新しい自分を創造していける、ということを教え、大人、若者、そして子どもがより機能し、より良い家族、仲間になることが示されているのなら、仕事場のチームにとっても同じことが言えるのではないだろうか？
>
> （Holzman, 2006, p.261）

この論文で、私は問いに対して肯定的に答えたし、今も肯定的に思っている。しかし、私は仕事場とそれ以外の環境の大きな違いを見逃していた。仕事場以外の環境は、人びとを支援し、発達させ、教え、また意味のある個人活動や社会活動に参加させるのに対して、仕事場はそうではない。事務所、工場、企業、機関は働かせるために人びとを雇用する。働く人は組織に奉仕し、奉仕が雇用者に提供されるかぎりにおいて雇用が継続し、さらに生産的になるよう支援する。学習と発達は付随的であるか（個人がたまたま新しいスキルを学習し、社会的に発達もするときのように）、道具的である（管理側がスキル向上を決定したり、企業文化の変化が要請される場合など）。いずれのケースでも、利益の拡大と組織の存続が第一なのである。

ヴィゴツキーの概念や方法論全体を仕事場や組織研究に持ち込むときに、仕事場環境のこのような特徴を押さえておくことは有益である。企業や会社は、教育や精神衛生の分野よりも、学習理論、グループダイナミクス、コミュニケーション論といった新しい考え方をずっと受け入れやすい。学校は1世紀も前に産業界から導入した組織モデルを維持しているあいだに、産業界は遥か先に進んでいる。このことは、働く人（あるいは生徒）とそれぞれの物理環境および文化的風土との関係のあり方と同じく、働く人同士の関係性のあり方にも反映されている。ビジネス界のトレンドは、より柔軟な、労働者の自主性であり、協働と創造性である。教育界のトレンドは、正反対だ。ビジネスリーダーたちは、創発性、複雑さ、そして多様性の言語を駆使する。なかでも指導的な立場にある人びとは、人間の労働力の情動的で芸術的で社会的な次元が活性化しないと、よい仕事はできないことを熱心に説いている。[1]

組織デザインとその実践におけるこのような広範囲の文化的シフトにおいても、私が議論してきたヴィゴツキー流の概念（社会的学習、遊び、即興、ｚｐｄのパフォーマンス的本質）は突出している。ビジネス界は、制度化された教育や心理学、そして若者発達の研究領域よりも遥かに、共同学習の方略に投資し、遊びの価値ならびに仕事と遊びの合体の必要性を認め、機械メタファーを劇場メタファーに転換し、創造性や即興のコンサルテーションが何をもたらすかを実験している。産業界がこの方面でのトレーニングをますます必要としていることと、組織研究の文献から判断すると、よい成果が得られているようである。コンサルティング事務所であるＰＯＡＬの組織形成と実践活動を援助してきた私自身の研究も、それを裏づけている。今考えているのは、仕事場はｚｐｄの創造環境となりうるということだ。その理由は、端的に、個々の働く人ではなく組織（グループ）に焦点があるからである。個々の働く人がどれほど学習し発達するかは、働く人（個々人）ではなく、どれほど組織（全体）が変化できるかにかかっている。学習する組織論（Senge, 1990; Senge, et al., 1994; Renesch & Chawla, 2006）、即興する組織論（Drucker, 1998; Sawyer, 2003; Vera & Crossan, 2004; Weick, 2000）、そして遊び心に満ちた組織論（Schrage, 1999）の出現は、心理学と教育学の個人主義的バイアスはとんでもなく間違ったものであり、制度化された教育の失敗の最大要因であり、これら教育制度は組織論や組織研究から学ぶべきだという私の信念を支持している。

　ビジネス界が生み出した別の進歩は、プロセスの重視である。皮肉なことに、生産物を作り出すことを本務とするビジネス界が重要だとして注意を向けたのが、プロセスだったのである。学術論文も大衆向けのビジネス本も、今日の市場で組織が勝ち抜くには、組織と組織で働く人びとが、最終産物である生産物（モノであれコトであれ）とともに、それを作り出すプロセスに焦点を合わせる必要があることを説いている。ビジネススクール大学院は、野心的なCEOや経営者に、組織、知識、学習はすべて創発的だと教えている。事物や関係は今ある姿であるだけではなく、どうであったかでもあり、どうなりうるかでもあるのだ。[2] これは、（多くの場合管理職の）働く人が創造的プロセスに注意を向けたとき、より能動的に創造でき生産できるというアイディアである（このすべてが、生産ライン労働者や守衛や郵便物係などにも浸透するかは、別の問題である）。

POALは働く人がより創造プロセスに目を向けるよう支援し、顧客はPOALのトレーニングとコンサルティングのサービスに大いに満足している。しかし、私にとって興味深いのは、POALの研修がもつ、発達的セラピーの側面である。つまり、即興とパフォーマンスは、そのなかで、それを通して、情動－社会的発達を作り出す活動なのである。2000年から2001年にかけて、私はPOALに密着して研究した。立ち上げ初期のこの2年間は、インターネットベンチャーやサービス産業を対象に、組織向け基本トレーニングのパイロット版を開発し改良した年月だった。私の役割は主に、内部の質的研究者、つまり、トレーニングのワークショップチームの観察者であり、ワークショップの後のスーパービジョン・セッションの指導者だった。これは私にとっては、会社を顧客とする初めての経験というわけではなかったが（数年間多国籍企業の質的マーケットリサーチをやったことがあった）、仕事場文化に対する新しい見方が得られ、それを発達的学習環境とみなす場合の限界と可能性を理解できた。POALは、現在、書類入れにあふれるほどの多数のサービスを用意している。

即興ベーストレーニング法、役割演技法、そしてライブあるいはビデオ化された短編作品等である。初期と比べると、いまやそれぞれの企業のトップレベルのアナリスト、経営陣、そして販売責任者への先進的トレーニングを望む有名グローバル企業が顧客となっている。[3] 私は、今も仲間であり、非公式だがコンサルタントでもある。

POALの即興アプローチに見られる発達的セラピーを探求するために、二つの活動を取り上げよう。一つは、「Yes and（そうだね、それに）」メソッドで、これはあらゆる即興トレーニングの基礎となっている。今ひとつは、POALに特有のメソッドである、1分間の人生パフォーマンスである。

会話が作るzpdとしてのインプロ

第3章で、ヴィゴツキーの観点からインプロがどのように理解できるかを議論した。（a）インプロは道具と結果の弁証的活動であり、場面の創造と同時に場面が出現する。（b）インプロは行為と反省、社会的に生産され共有される思考と感情の同時性を通して認知－情動の分離の橋渡しとなる。（c）インプロは意味作りの社会的な完成活動である。私は、即興家たちが互いに共鳴し、舞台、登場人物、プロットを協働で作り上げるインプロの原理を次のように述べた。「否定するな」「オファーを受け止め、それをもとに作り上げよ」。この原理についてもう少し詳しく述べると、インプロの会話は、乳幼児との会話（言語ゲーム）に類似したものと言える。大人は赤ちゃんの喃語（「マーマ」）を受け止め、そして完成させる（「マンマの時間ね」「哺乳瓶落としちゃったのね。今拾ってあげるからね」）。大人は否定したり批判せず、オファーを受け止め、それをもとに作り上げる。

赤ちゃんを相手にするとき、大人はこのような即興的で会話的な意味作りを無意識のうちに行なっている。しかし、同じ大人が、家でも仕事場でも大人に対して応答するときには、オファーを受け止めることもあるが、拒否的に応答することが多い（同じように無意識に）。日常的談話は、赤ちゃんとの会話や即興とは似ても似つかない。日常の会話では、人びとは否定ばかりで、完成するというよりも競争しあっている。ブランターンとアンダソン－ワラスの論文には、このような仕事場の会話が載っている。それはブランターンらが「今日の会話アーキテクチャー」と呼ぶものだ（Blantern & Anderson-Wallace, 2006, p.74）。「Aさん：取り扱い説明書を生産部門に届けてくれた？　Bさん：なんで？　Aさん：届けたの、どうなの？　Bさん：かもね。Aさん：届けたの？　Bさん：そんなに突っかかるなよ」（p.75）。

仕事場にインプロを持ち込むことで、会話は大きく変わる。それは上記のような不快なやり取りを減らすだけでなく、赤ちゃんとのやり取りのような創造的意味作りの会話に転換できるのである（ただし大人同士あるいは仕事場にふさわしいやり方で、ではあるが）。大人がこれを一貫して行なうのは本当に難しい。首尾よくやるには、話すことばかりでなく、聞くことの練習が必要だ。というのも、仕事場も含んで日常の会話では、他の人の会話の一部しか聞いていないからだ。自分が賛成または反対するところだけ、言われたことの「真偽」を評価するためだけ、話し手を評価して「本当には」何を言いたいのか探るため、返答をどうするか考えるため、「次は自分の番」の手がかりとなる休止を見極めるため、など、これらすべての場合もあろうが、きわめて部分的、選択的にしか聞いていないのだ。

「Yes and」のエクササイズは、即興家が聞くことを練習する一番の方法である。ＰＯＡＬは、話し、聞くことが（外的現実の描写や、内的な考えや感情の表現というよりも）社会的な完成活動だとするニューマンと私の理解にもとづいて、これらのエクササイズをデザインした。ＰＯＡＬの研修の目的は、どんな種類の仕事場の会話に対しても、参加者が即興シーンとして扱い、シーンを継続する責任の能力発達を支援することだ。これは、対面的なコミュニケーションから関係的な意味作りへの、感性的、身体的、情動的なレベルでのパラダイムシフトである。この意味で話すことは、起こっていることを描写するのではなく、事態を作り上げることなのだ。そしてこの関係性の活動において、互いの理解が生じるのである。

高いスキルをもつ即興家は、どんな言いよどみ、難しい顔つき、沈黙にさえもオファーを聞き、見てとるので、シーンを困難なく継続させることができる。反対に、素人が即興する場合、たとえオファーを見たり聞いたりできたとしても、大きな動作のあからさまなオファーしか見えない（たとえば、四つん這いになるなど）。こういうわけで、ＰＯＡＬでは、主に「Yes and」のエクササイズを使い、十分時間を割いて、仕事場の人たちが見て聞くことができるようにトレーニングする。まず、グループ参加者が一つの物語を集合的に語るセッションを数回行なう〔各参加者は前に人が語ったことを「Yes and」で受けて（「受容」と「つなげて作る」ことを示して）、話し始める〕。否定的なことばが出たり、オファーがあったとしてもその後続かない場合、そして複数のオファーがあった場合には、トレーナーが止めに入る。参加者はどういうオファーが聞こえたか、なぜシーンの進行が止められたのか、そしてこのエクササイズをどのように経験したか議論するように求められる。

参加者は、自分の順番がきたときに言うことをどのくらい考えられるか、話されたことをどのくらい見逃してしまったかという問題にすぐ直面する。自分は聞いていなかったけれど、「言った人の頭の中にある」と言う人もいれば、皆は言われたことを評価しているから、何を言うか、変じゃないか、よく思われるように言いたい、などを考えていたと述べる者もいるだろう。参加者は、このとても単純なエクササイズが非常に難しいことに驚く。私の理解では、参加者に求められているのは、いわゆる積極的傾聴とは別物で、それ以上のものである。[4] それは活動として聞くことなのだ（私の言う、道具と結果の弁証法的活動である）。参加者は求められていることのポイントをつかんだら、つまりシーンを創造するため（意味作りの一部として）聞くことができたら、「Yes and」遊びは、オファーを聞き取り、どのオファーにどう応えつなげるかを上達させる、きわめて周到なエクササイズになる。

トレーニングワークショップの次のステップは、日常の仕事場で聞かれる会話にもとづいて、即興シーンを作り上げることである。ただしそのとき、「Yes and」の原理にもとづかなければならない（このとおりことばで言わずとも）。多くの場合に参加者にとって、このようなシーンは会話が難しいことが多い。このエクササイズでは、オファーを聞くことが別のレベルのものになる。集団でたわいのない話を受け止めて作り上げることもそれなりに難しいが、日常生活でそうするのは、まったく別物になる。参加者たちは会話に、自分たちが積極的に作り上げる即興シーンとして臨まないかぎり、事前に「台本化された」やり方で聞き、応答してしまうということを理解する。この台本化は、現下の会話アーキテクチャーを持続させるが、管理側と現場スタッフのあいだ、あるいは同僚同士のより良い関係の構築には役立たないことが多い。

特定のシーンに登場しない参加者も重要な役割を果たす。彼らは聴衆を演じるように指示される。このことで、舞台上の同僚を新しいアングルから見ることができるようになる。つまり仕事の同僚（経営者、同輩、指導者等）であると同時に、舞台上の登場人物として見るのである。聴衆はまた、シーンの登場者とは違った目と耳をもち、新参の即興家が見逃すようなオファーを見つけることも多い。何度も腕時計を見る上司が演じられ、何かしらのオファーであるのは明らかだと指摘されても、舞台上の即興者にはそれが見えなかった、あるいは見えたけれども、自分の課題に照らしてどうしたらいいかわからなかったので、無視したと言うかもしれない。これは、意図した結果によりも、他者と作り上げている関係性に焦点を合わせる、よい機会を与えるだろう。

職場の席に、会議室に、あるいは会社の冷水器の前に戻ったとき、参加者は、「Yes and」を実践に移し、同僚や顧客と即興的な会話を通してつながるようになれるだろう。インタビューやスーパービジョン・セッション、ワークショップ後の非公式なコメントで、参加者は、このようなパフォーマンス・アプローチがもっとも必要とされると感じる場面がさまざまあると述べた。これは彼らが、しばしばがっかりしたり不愉快な結果に終わる会話の担い手であり、新しい会話シーンを演じることができる（しかし実際はしないかもしれない）パフォーマーであると自覚していることを示している。次のような多数のことが、会話を行き詰まらせるとして報告された。何が起こっているかわかっているつもりのとき／受け身の応答をするとき／誰かが非難するとき／同じシーンを堂々巡りするとき／何度も何度も過去に戻ってしまうとき／他の人の行為やことばをオープンに受け止められず、解釈しようとするとき／あら探しをするとき（Holzman, 2006; Cathy Salit へのインタビュー、２００８年1月12日）。

社会文化情動的な空間の転換としての遊び

即興の基本的道具をビジネスや組織に導入することに加えて、ＰＯＡＬは目玉となる即興エクササイズ、１分間で演じる「人生のパフォーマンス」を導入した。このエクササイズは、導入以来10年以上かけて、仕組みを徐々に変えてきた。この10年は、組織への演劇や即興のテクニックの採用が劇的に増えた時期に重なり、いまや「演劇による介入」を語れるまでになった（Nissley, Taylor & Houden, 2004）。組織に絡めて、演劇と即興に対する学問的な関心も増えた（Montuori, 2003; Nissley, Taylor &

Houden, 2004; Nikolaidis & Liotas, 2006; Sawyer, 2000; Weick, 2000)。心理学者や他の研究者も、即興を代表事例とする、大人の遊び／演劇に関心を寄せ始めた（Göncü & Perone, 2005; Harris & Daly, no date; Linde, Roos & Victor, 2001)。さらに、私は人生のパフォーマンスのエクササイズをアメリカと他の国々で（複数の言語で）やってみた。それはとても多種多様なグループであり、学会で学者やいろいろの専門家のグループを相手にした場合もあれば、演劇の学生、心理学の学生、子ども、教師、社会福祉関係者等のグループの場合もあった。これらの展開のすべてが、このエクササイズがヴィゴツキーを活かしヴィゴツキーと遊ぶ活動だという理解につながった。

このエクササイズのデザインはシンプルである。参加者は舞台に一人ずつ上がり、1分間のパフォーマンスで自分の人生について何かを表現する。事前に何をやってもよいと指示されている。語り、物まね、歌、ダンス、シーン作りでも、じっと黙って立っていてもよい。人びとは、細かなところでは違うことをやってみせるが、一番多いのは、生まれてから現在までの人生を要約したり、一番ありふれた「人生の一日」を話したり、人生ががらりと変わるような重大な経験について話すことである。1分間のパフォーマンスの直後に、トレーナーが、30秒の「続編」を演じるため演出上の助言をする。この続編は、参加者が演じたことを補ったり拡張したり、別の角度から光を当てたりするものので、即興のプロが支援するため、トレーナーのうちの一人か二人が舞台に加わる。エクササイズの最初に、トレーナーは誰もが舞台に上がれるようなパフォーマンス環境を整備することが重要だと強調する。普通、トレーナーは、聴衆に対して、熱狂的に、興奮して、大きな声で称賛を与えるように指示し、数回練習する。参加者は一人ずつ、「○○さん、舞台にようこそ」と心からの歓迎を受けて舞台に上がる。一人ずつ1分間のシーンを演じた後、少人数グループに分かれて、15分から30分で自分と他の参加者が演じたことを素材にして、短い芝居を作る。その後、互いにその芝居を演じあう。トレーニングによっては、各グループがそれぞれの芝居を演じあう。その後に、結果の報告会と議論がある。

　ワークショップ全体を通して、思うがままにどのようなことがらでも、他の人びとと一緒に創造するプロセスの一部であることを見て、感じて、経験する機会が与えられる。この意味で、舞台でパフォーマンスすることは、私たちの生産物中心の目では普通見えないもの——日常生活で常に進行している創造的なプロセス——を、拡大鏡を通して覗くことなのである。人生をパフォーマンスして、パフォーマンスから何か違うものを繰り返し創造することは、同時に、個人として、グループとして、自分、そして他者との関係を新しいやり方で見て、感じて、経験する、結果と方法の弁証法なのである。自分をパフォーマンスすることは、自分自身をユニークなやり方で見ることなのである。

　人生のパフォーマンスのワークショップのどの構成要素にも、ごっこ遊びや演劇遊びがもつ、学習が先導する発達の特徴が備わっている。この遊びの特徴については、これまでの各章で、セラピーと教育と若者の発達を論じる際に述べた。最初に行なう1分間のパフォーマンスの一番の特徴は、それができるということの集合的な経験にある。第3章で、私は学習における「活動できるという発見」について述べた。幼児期の学習のこの構成要素は学校に上がるとたいがい失われてしまい、他者と日常的に関係する活動から分離されてしまう。幼児期、やり方を知らないことをしようとする子どもを大人が助けるとき、子どもが何かを学ぶ事例はどれも、同時に学習者として発達する事例となる。大人がこのエクササイズで舞台に上がるときも、同じようなことが起きていると私は考える。大人たちは、自分がやり方を知らないことをやるように言われる。大人は、自分とトレーナーたちで作り上げる、パフォーマンス環境によって支援される。パフォーマンスを通して、彼らはやり方を知らなかったことをどうやればよいのかを発見するばかりか、自分がそれを確かにできるということも発見する。今までやったこともない方法で自分を示したときの（自分について何か話すのではなく）驚き（たいてい喜びを伴う）を明らかに見てとることができる。多くの参加者にとって、日頃のストーリーを突破することでもある。そういうわけで、自分自身の新しい見方となるのである。

　演出のついた30秒間の「続編」では、パフォーマーと聴衆は、「ストーリー」があっという間に転換されるのを見て、未来は、一人で行なったことによって決定され固定されるのではなく、自分がしたことと他者としたこととによって創造されるということに気づく。トレーナーの指示は、遊びに満ちたインプロの本質を強調するものだ。たとえば、演出家が、1分間の出産のシーンの後で病院育児室のシーンを提案する。第1シーンに別のシーンが追加され、新しい創造が始まると、第1シーンは完全に違ったものになる。またあるときは、トレーナーはパフォーマーに、感情的に話す別のシーンに移動するように指示する。たとえば財政顧問と顧客がゴルフコースにいて、財政顧問の妻が事故に巻き込まれたという電話でゴルフが中断される、というシーンを演じるように指示される。ここでも最初のシーンが転換され、パフォーマーは予期していなかった、うろたえるようなニュースに面食らわされても、シーンを継続しなければならない（Cathy Salitへのインタビュー、２００８年1月12日）[5]。

スキルをもった即興家を「続編」作りに参加させることで、別のレベルのｚｐｄを作り上げることができる。ここでは、参加者は自分がやり方を知らないことを行なうという挑戦がいっそう可能になる。いまや、オファーを提供し、オファーを受け取り、一緒に作り、創造的に模倣する、他者（一人ないし二人）がいる。

個々のパフォーマンスを受け止めて、それをもとに違う短編劇を作るとき、参加者は社会的な完成の活動に携わっている。自分がやったことは、一人では決してできないことであり、想像力は心の内部の特徴ではなく、共同活動の特徴であることに気づくようになる。３つから４つのグループが同じことをしているにもかかわらず、それぞれまったく違ったことを創造するという事実は、創造プロセスの社会的理解を補強するものだ。

最後に、他のグループが作った劇をパフォーマンスすることは、創造的模倣の別種のエクササイズとなる。それは、既に演じられたもの（既にパフォーマンスされたもの）にもとづいてのみならず、他者を招き入れることを通して、自分たちが何者か（登場人物ならびにそのアンサンブルとして）、どのように自らをパフォーマンスするか（登場人物ならびにそのアンサンブルとして）にもとづいて作り続けるしかたである。

何が即興における創造的模倣の発達的価値なのかを示すために、今ひとつ別の事例を吟味してみよう。ダイバーシティー問題に関する支援を必要とした国際的マネージメント・コンサルタント会社のために、POALは1分間の人生のパフォーマンスのように、参加者が個人として、またグループとして、新しい見方で自分たちを見つめなおす機会を提供するプログラムをデザインした。基礎的な即興スキルのトレーニングの後で、トレーナーは参加者を、特定の人物がふさわしいと思えるシーンで即興させた。たとえば、野球のロッカールームは、通常男性グループにふさわしい場である。しかしPOALのトレーナーは、男性をパフォーマンスする男性参加者と男性をパフォーマンスする女性参加者でこのシーンを作った。同じように、アフリカ系アメリカ人の女性にふさわしい、友人宅でポーカーをする場面を設定した。ここでもまた、このシーンは、アフリカ系アメリカ人の女性をアフリカ系アメリカ人の女性と、白人やアジア系のアメリカ人によって演じさせた。このようないくつかのシーンが作られたが、人物のアイデンティティは、自分自身を演じる人、別の性を演じる人、自分とは異なるタイプの人を演じる人が混合された。

振り返り(コンサルタント業界用語では「デブリーフ」と言う)において、参加者は、パフォーマンスを、今まで一度も行ったことのない地域や家庭に入ることを許されたような経験だったと述べた。このエクササイズを指導したサリットは、以下のように述べている。

この活動が魅力的なのは、アイデンティティの政治学を乗り越えるところにある。私たちが作り上げた環境は、アイデンティティと遊ぶことを可能にし、社会的に構築されたものとして見ることを可能にした。参加者は自分自身や他の参加者を別の見方で見ることができ、社会的に構築されたアイデンティティは再構築可能だと気づいたのである。

（Friedman, 1999, p.35）

組織は、人びとを役割に縛り付け、創造性と生産性を消し去り、それゆえ組織にいることを嫌悪させがちだ。ＰＯＡＬのパフォーマンスのような実践は、ヴィゴツキーが「想像性の空間」と呼ぶ、創造活動に没頭する機会を与える。即興は、「現実の」制約から自由になることであり、大人が別の生を試したり、共有し、見せあい、つながりあうためのいろいろな手段をテストしたり、自分自身を十分見つめたりする、大人の遊び場となる。リンダー、ルース、ビクターは、まさにこのことを組織における遊びの価値の議論で指摘している。「大人として…私たちは今あるままに、可能なかたちで、あるいはありえないことをして遊ぶ。遊びに没頭することを通して、やらなければならないことではなく、何をやりたいのかが明らかになる」（Linder, Roos & Victor, 2001, Heading: Transformation, para.1）

私は、今述べた組織生活へのアプローチは、結果のための道具バージョンではなく、活動理論の道具と結果の弁証法に従っているように思う。第１章で述べたように、道具と結果の弁証法は、新しい道具を作り出す人間の能力を追求する。その一方で、結果のための道具は既存の道具の利用に照準を合わせる。ＰＯＡＬも他の類似の演劇即興系の団体も、組織における遊びと即興を論じる組織論研究者も（ヴィゴツキーに依拠するかどうかはさておき）、人間の創発し続ける創造能力について語り、これを理論化しようとしている。この能力とは、既存のものを何か新しいものに作りなおす能力であり、「自分たちの行為が作る未来を…それが展開するかぎり、発見する」能力である（Barrett, 2006, p.269）。彼らは、文化を自らのものとしてそれを再生産することよりも、創造を指向する。そうして、存ることと成ることとの、アンサンブルによる自己反省的で、徹底して主体的な（認知－情動的）活動が展開するのを見るのである。

対照的に、ヴィゴツキーから直接に影響を受けた研究者は、組織と組織を構成する人びとの生活における、動機の役割と媒介手段に焦点を合わせるようだ。彼らは通常、組織と組織の人びとがいかに文化を自分のものとし知識を獲得するかに関する研究と、組織内での知識分散と課題遂行の方法を理解し変革するために、結果のための道具方法論を採用する。[6] 彼らは学習する組織には関心があるが、遊びに満ちた即興あるいはパフォーマンスにはついてはそれほどではない。すべてにおいて、彼らは、学校教育を研究する活動理論家と同じように、方法論としても分析ユニットとしても認知を重視する。学校教育の活動理論家同様に、彼らは研究事項をまとめあげ、この分野での重要なパラダイムシフトを進行させている。一つには、組織の言語に焦点を合わせ、ヴィゴツキーの言語、思考、活動に関する著作を利用している。たとえば、リサックとルースは「言語すること（languaging）」つまり、使用するにあたっての語の選択が、活動として、組織を形成するという考えを主張している（Lissack & Roos, no date）。頭の中の知識の談話から、状況に埋め込まれた社会的活動としての知ることの談話実践へのシフトは、産物としての個人の談話から、プロセスと社会的ユニットとしての談話へのシフトである。さらに、ムペピらは知識コミュニティが機能し成功するかどうかは、共有されたミッションを構築できるかどうかに強く依存していると主張している（Mupepi et al., 2006）。ここでは、組織変革を語ることばが経験形成を支援する。

最後に、組織研究におけるポストモダンの考え方を推し進めて、社会構成主義のケネス・ガーゲンは社会文化的活動理論の研究事項を次のようにまとめている。

> 組織科学は、支配的な伝統的組織構造と実践にも関心を向けてよいかもしれない。…効率と生産性と利益を最大にするという近代主義者の探求ではなく、…文化生活の一形態としての「組織」と呼ばれる実体を探求するのである。（Gergen & Thatchenkery, 2006, p.45）

状況論や分散認知の組織研究の成果は、仕事場のような環境にどれほど関係するのか疑問に思われる。学校と違って、学習は仕事組織のミッションではないし、個人も関心の対象ではない。生起する学習は、組織生活から抽象化されたり切り離されたりはしない（研修など特殊なトレーニングコースは除くとして）。仕事場は、公教育よりも遥かに家庭に類似している。家庭にいる幼稚園児にとっては、学習の時間と遊びの時間は分かれていない。学習はどのような内容であれ、子どもと他者の共同活動の一部となっている。組織にいる大人にとって、仕事時間は、仕事の時間と学習の時間に分かれていない。両者は統合され、人びととの実践の一部となっている。

組織研究を組織の学習と知識獲得に限定する研究者も、学習概念と社会概念に情動を含めることで研究を進展させることができるだろう。さらに、仕事場の遊びを吟味することで研究を先に進めることができる。介入研究は、とくに遊びが社会空間をよりダイナミックな大人の学習コミュニティに転化することを考慮するなら、より豊かなものとなるだろう（Harris & Daley, no date）。しかし、組織に演劇遊びとパフォーマンスを持ち込んだ研究者から学んだことから言えば、もう少しやるべきことがあるように思う。遊びは想像力をパフォーマンスできる空間を提供し、想像力は日常の「現実」という前提への異議申し立てを伴う。このことは、発達の重要な部分である。即興的パフォーマンスは前提への異議申し立てのユニークなやり方である。というのも、この種の遊びでは、前提の異議申し立ては単なる認知的プロセスではなく、認知－情動的、精神－身体が統合された社会的パフォーマンス活動となるからだ。これこそが発達のステージとなる。

企業や組織が個人対象ではなく、社会的なユニット（仕事チーム、ユニット、組織自体、生産業、顧客、市場などなど）につながるよう構造的機能的にデザインされているほど、企業は発達環境としての潜在能力を発揮することになる。企業や組織が、ローカル文化・グローバル文化における急速で熾烈な変化に対応するための技術革新の必要（あるいはそういう信念）に応じて、そして遊びと即興パフォーマンスによる革新を仕事場に持ち込むほど、組織の人びとは、仕事を進めると同時に発達のためのステージを作り出す機会を得ることになる。

第6章　変化する関係性

頑張って、互いにコミュニケーションするのをやめてみよう。そうすれば、少しは会話できるからね。
（マーク・トウェイン）

私はこれまで紹介してきた、セラピーにおける発達、学校での発達、学校外の発達、そして組織における発達に関わってきたわけだが、それらの活動にイーストサイド・グループおよび短期心理療法インスティチュート（以後インスティチュート）の所長として関わってきた。心理学、セラピー、教授学習に関して、従来のものとは異なるラディカルに人間的なアプローチを発展させ振興させる研究およびトレーニングセンターとして、インスティチュートはまたコミュニティのシンクタンクとしても機能してきた。インスティチュートは、既に紹介したプロジェクトにその方法論を提供し、同時にプロジェクトから、実践による方法論の発展の恩恵を受けてもきた。ソーシャルセラピー・グループ、バーバラ・テイラースクール、オールスター・プロジェクト、人生のパフォーマンスと関わってきた私の物語を語ることで、私たちが共有してきた歴史のこれらの側面を統合的に示そうとしてきた。

インスティチュートは他の面でも、コミュニティのシンクタンクであると思う。たとえば、トレーニングや研究のために、私たちのところに来るのは——プログラムのどれかに正式に参加する場合や、私たちのセミナーや研究、学術会議に参加する場合もあるが——コミュニティビルダー、研究者、そして演劇やダンスの専門家など多様である。私たちが提供するのは、学問世界とコミュニティの両方のイノベーションを統合する試みのなかで学んできたことである（たくさんの事例のうちの一つを挙げれば、インスティチュートが２００５年に開催したヴィゴツキーに関する会議がある。この会議では研究者とコミュニティベースのプログラム実践家や関心の高い「一般の」人びとが一堂に会した。http://www.eastsideinstitute.org/vygoworkplay_workshop.htlm）。

過去10年間、インスティチュートの国際交流の範囲は急速に広がっており、さらに多様な混成状況を作り上げている。オンラインセミナーは学歴など無関係に誰でも参加できるもので、参加者はアルゼンチンのセラピストや教育研究者から、ケニアの若者教育実践家まで、また合衆国のソーシャルワーカーから台湾のコミュニティビルダーまで広がっている。南アフリカの教育劇場の演出家から、ニューヨーク市のオールスターのボランティアまで、ボスニア、マケドニア、セルビアの心理学者から、いろいろなところからやってくる大学院生にまで広がっている。インターナショナルクラスは、インスティチュートでの合宿研修とオンラインセミナーとスーパービジョンを組み合わせたプログラムだが、心理学、教育学、若者発達プログラム、パフォーマンス研究、コミュニティビルディング関係の現職者を対象に、アフリカ、アジア、ヨーロッパ、中央および南アメリカ、合衆国、カナダ、そしてメキシコなど数十ヵ国から来た、50人以上に既にトレーニングを実施した。「世界をパフォーマンスする（Performing the World: PTW）」は、インスティチュートが組織する国際集会で、専門領域や国境を越えてコミュニティを作る試みである。2001年から、2年に1度開催され、数百人の実践家、研究者、草の根起業家、メインストリームの企業人が集まり、人間発達、社会転換、文化革新へのパフォーマンス・アプローチを実践している。これらすべての活動で、文化、職業、そして経験の多様性は、zpdを作り上げるためのより多くの、豊かな素材となる。

1980年代のインスティチュートの創設以来、新しい概念枠組みと方法論を開発するには、同時に完全な一般参加型のコミュニティを作ることが必要であり、さらに、この二つの課題を解決するには、独立の立場、つまり大学や政府、企業や公的基金からの自由が必要だと信じてきた。インスティチュートは小さな非営利団体である。私たちの団体は、研究陣はすべてボランティアで、スタッフもほとんどが専門職をもつ人やインターンのボランティアによって運営されている。資金はそれほど多いとは言えず、数百人の個人からの寄付金頼りである。この独立した立ち位置によって、インスティチュートはオープンであり、普通出会うことのない人びとを引き合わせ、伝統的な資金に頼る組織では取り組み不可能なことを可能にしている。つまり人びとの条件や資格などは問わずに、私たちのプログラムに受け入れ、非専門家も専門家もトレーニングし、ひも付きではなく協働し、管理業務部門を最小限にして、研究とプログラムを指導している。このことは、とりわけ、伝統的な制度で働くことでフラストレーションを感じている心理学や教育の専門家にとっては重要で、彼らは獲得型でなく評価もない学習経験や、学問領域で分断されることのないコミュニティを求めてインスティチュートにやってくる。

この、学界から独立した立ち位置から、ニューマンと私（そして最近では、若い仲間たち）は、大学に所属する仲間と学問成果を共有することも普通に行なっている。本や論文を書いたり、学会で発表したり、メーリングリストで議論したりする。大学に所属していないという理由で、あるいは政府や基金から研究費を得ていないという理由で、私たちの仕事を無視するか、低く評価する人びともいる。反対に、そのようなことは無関係だという人もいれば、それがいっそう魅力的だという人もいる。多くの場合に、威厳を保とうとするアカデミズムに関わっていくのは、私にとって、挑戦しがいのあることだ。私は外部の人間だろうか？　それとも内部か？　それともどちらでもないのか？

その人の制度的立ち位置は重要であると思う。インスティチュートは、学問的な制度の外で実践しながら、学問的な争点に関する直接的な声を届けるのである。このこと自体が、私にとっては、研究対象として興味深い問題に思える。このことは学問領域と制度の境界という問題と、それがアイディアの生産と普及にどのようなインパクトをもつのかについて、いくつもの疑問をもたらす。アイディアはどこから生じて、どのように作られるのか？　知的な市場はどの程度自由なのか？　インスティチュートや私がするような境界線越えは、境界線を強化することになるのか、それとも融解させるのか？　まさに正統的な学問人であるケネス・ガーゲンは、インスティチュートの仕事を、「標準という専制、つまりほとんどの学問領域の中核にある、期待、義務、そして迅速な制裁のパターン」の外側にあると見ている。そのような場所は、彼にとって、「革新という危険をおかす」ことが可能な場所である（Gergen, 1999, p.1）。

空間と歴史の違いを超えて人びとが語り合うことで、より多くの革新が可能になると考えるので、私は境界線を横断する。たとえば、ソーシャルセラピーのグループが効果的な情動発達のゾーンとなるなら、物理的にも方法論的にも心理学の外側で発展し開花したその実践は、心理療法の制度にどのような意味をもつのだろうか？　心理学の二元論的方法論を、集合的な活動への参加によって突破することで、人びとの情動成長をなし遂げる実践は、大学で教え、クリニックで広く採用されることが可能だろうか？　私たちの実践が、医療モデルにもとづくセラピーを変えようと、困難な闘いを続ける研究者と実践家にとって、役に立つものになれるだろうか？　そうでないなら、それが私たちすべてに提起する、方法論的、政治的な問題とは何だろうか？

同様に、もし子どもたちを学習者として発達させるアプローチが、学校の外で、あるいは大学シンクタンクの外側で成功裏に行なわれているとしたら、現在の教育研究組織をどう評価したらよいのだろうか？　もし、子どもと若者の舞台上のパフォーマンスが、人生のパフォーマンスを支援するとしたら、教育者は自分たちの認知的バイアスを徹底して厳しく見つめなおすべきではないのか？　オールスターとインスティチュートの「教師の仲間意識発達プログラム（Developing Teachers Fellowship Program）」が、教員養成大学が採用する行動管理アプローチに代わりうるのではないだろうか？

もし年齢別や「能力別」の編成が、社会性の面でも、認知の面でも、情動の面でも有害なら、学校改革は何を意味するのか？　そして、もしオールスターの若者プログラムが、企業リーダーたちとのパートナーシップを生み出し、その結果、都市貧困層の若者の発達を支援するとしたら、慈善事業や教育の資金援助にどういう意味をもつのだろうか？

ときどき私は、この種の問いを直接発することもある。そうしないときもあるが、その場合でも常に、私の考えの背景にある問いである。数年前、同僚と国際学会の同じセッションに出席し、帰国するときだった。彼女は、学会中、しょっちゅう、インスティチュートの仕事が作り出している「アカデミーの内部／アカデミーの外部」の緊張を観察できたと話した。たとえば、シンポジウムで、私たちのコミュニティビルディング・プロジェクトの規模や範囲に関する情報や数字を挙げたとき、聴衆のなかにはそれにいかにもうんざりといった様子を見せた人もいた、と彼女は言った。彼らは、これを自己宣伝と受け取ったのではないかと言った。彼女は、これが不必要な壁――つまり彼らと私が違うという表明――となり、それが、そういう研究者も大いに関心があるはずの、彼女の意見では洗練された重要な理論的ポイントに、耳を傾けることを妨げてしまう、と言った。彼女は、次の機会には、詳細な情報は省いて、理論的な問題だけを述べてはどうかとアドバイスしてくれた。

このようなことはよくあるので、彼女の言うことは十分にわかる。しかし聴衆に考えてもらおうとしている方法論をそういうデータがまさに例証しているのであるから、詳しく話す必要があると私は言った。一方では、オールスターに参加する若者たち、ソーシャルセラピーの患者たち、インスティチュートで訓練を受ける研修セラピストや学生、ＰＯＡＬで即興を学ぶフォーチューン５００社の企業幹部たちは、「30人の実験参加者」「郊外の2校の高校生」「3組の母親－乳児のペア」という実験の被験者と同じように思える。他方で、彼らは実験参加者ではないので、質的には相当に異なるデータセットなのである。彼らは、新しい実践の共同の作り手であり、私たちの道具と結果の弁証法の道具でもあり結果でもあるのだ。もし理論だけを述べてこういう詳細を省いたなら、理論が作られた環境/活動から離れてしまうことになるだろう。私の語っていることは、ヴィゴツキーを科学実験室から、普通の人びとへ、彼らのコミュニティへと連れ出すことについてなのであり、ヴィゴツキーとともに、そこで私たちが何を作ったのかということについてなのだ。

私の同僚は、標準という専制について述べていたのだ。アカデミックな論争のルールによれば、特定の条件の下で生産された特定の種類のデータのみが正統であるとみなされる。このルールを吟味して、私たちの知的実践とその責任が関係しあっていることについて、よく考えてみていただきたい。インスティチュートの仕事の詳細や、人間の生活理解や改善に寄与したかどうかに関わりなく、これは健全な自己吟味の機会となるだろう。私の理解では、問題は、私が自己宣伝していて他の人はそうでない、ということにあるのではない。私たちすべてが自己宣伝しているのだ。私たちは、それぞれに異なる見解や実践のしかたを世間に広めようとしているのだ。

第1章で、ヴィゴツキーに影響したマルクスの思想の、二つの方向性について述べた。一つは、活動と精神が社会的であるという方法論に関する方向、今ひとつは労働の組織について論じた経済学的分析の方向である。私は、ヴィゴツキーからニューマンと私の活動理解まで、一貫して方法論としてのマルクスに従った――人間は世界を創造し再創造するために力を振るい、世界は人間と切り離せない。このようなかたちで、人びとが自分自身と、そして他者とつながることを支援することは、日常のありきたりのことに歴史的な世界として関わることを意味する。つまり、常に生成している、人生／歴史制作のプロセスに参画する社会的存在として関わるのである。この見方では、対象がどういう人で、どうしてそうなっているのかを研究するのではない。マルクスの方法論にもとづく心理学は、人びとがいまだ自分ではない者になることを支援する実践となる。生成（becoming）の活動は、個人の活動ではない。社会的で、集合的な、アンサンブルによる活動である。マルクスに従ってヴィゴツキーは、人間の発達が弁証法的で社会文化歴史的プロセスであるなら、心理研究の対象は、人びとの現在の個人的で内的心理状態ではなく、人びとが自らの生成を作り出す社会的活動にあることを看破したのである。

本章以前の議論をまとめるなら、それは、最近インスティチュートが行なった、「発達についての、発達するための対話」と題されたオンラインセミナーの参加者が投稿した以下の対話に示されていると思う。このセミナーでは、私と同僚のラファエル・メンデスが上梓したニューマンのソーシャルセラピー講義録と、スーパービジョンセッションについての本、『心理学的探究』（Holzman & Mendez, 2003）をテキストに使用した。2週間から5週間にわたるセミナーで私は、25名の参加者にニューマンとセラピストの対話をどれか一つ取り上げて、それを素材に誰かと対面で会話するように指示した。

会話で起きたことをオンラインで共有し、セミナーの対話を継続するための素材に使った。ジム（パピ）は12歳の娘ジェシーに、一緒に対話の抜粋を読んで欲しいと頼んだ。ジムは、「妻や他の大人に頼むよりも娘と一緒にやったら、もっといい、わかっていますっていうふうじゃない会話ができる」と思ったと言った。[1]二人は、次のような会話を行ない、それをセミナーに投稿した。[2]

パピとジェシーは、ジェシーの部屋にいる。パピはジェシーに宿題の手伝いをお願いし、ジェシーはいいよと言った。二人はジェシーのベッドで、宿題の会話を交互に読んでいる。パピはいくつかことばの意味をジェシーに説明し、最初の質問と答えだけを読んだ。ジェシーはフレド・ニューマンの部分を読んだ。

パピ：今読んだところ、どう思う？

ジェシー：このフレドっていう人は、頭がおかしいと思うわ。誰が、セラピーを毎日の生活の一部にしたいなんて思う？　この人、きっと悩みがたくさんあるのね。

パピ：もう一回読んでみるね。そしたら、別のことに気づくかもしれないよ。（読んだ後で）どう思う？

ジェシー：おかしいとは思わなくなった。セラピーって言ってるけど、何か他のことみたいね。

パピ：毎日セラピーって、変だと思う？

ジェシー：そりゃ思うわ。

パピ：どうして？
ジェシー：だって、セラピーで毎日同じ人と会うのは変だし、そんなことしたら、その人に何でも知られちゃうじゃない。
パピ：もう一回、フレドが異常について、そしてそれがどんなに痛ましいことかを述べているところを読んでみるね。（読んで）フレドが言っていることは、セラピーは誰かがその人のことを何でも知っているとかには関係がないし、その人の問題も関係ないし、セラピーって呼ばれなくても構わないってことじゃないのかな。
ジェシー：毎日、やることとみたいなものって言いたいの？
パピ：そう。
ジェシー：それならフレドは問題ないね。でも、とても変な人じゃない？
パピ：パパが聞きたいことは、それなのかな？　でも、君は、とてもいいところをついていると思うよ。多分フレドは、ちょっとおかしな人だね。もう一回、このふれあうことと感情について述べているところを読んでみよう。（読んだ後）もう一回読んだけど、どんなふうに思う？
ジェシー：世界に誰も自分に意地悪する奴がいない人なんて、ちょっと変。
パピ：どうして？
ジェシー：なぜかっていうと、世界中誰でも、意地悪する人が一人はいるでしょ。誰だって敵がいるから、そうじゃないっていうのは変だと思う。

パピ：パパがどういうふうに思ったか話してもいい？
ジェシー：もちろん。
パピ：君が言っていることは、（対話の抜粋部分を指差しながら）ここを読んだところでわかったのは、彼の言っていることを人びとが本当にやったら。
ジェシー：世界全体がもっとよくなるって。でもそれって、頭がおかしいかもしれない。

私が提示してきた、ヴィゴツキーに刺激された実践と活動は、あ、ら、ゆ、る、年齢の人びとが、私の見るところ革命的に発達的な社会変革を達成するために必要とされる、主体的な転換を生み出すことに参加して、世界をもっとよい場所にする、という試みである。ほとんど（多分すべて）の人びとは、この転換を望みながら、不可能だとして頭から追い払ってしまう。私の考えでは、これは人びとが不可能なことに取り組む機会を作らなければならないということを意味している。これは、人間発達の問題に取り組むことを意味する。これは制度化された心理学も多様な市井の心理学も含めて、心理学の保守主義に立ち向かうことを意味する。これは、狂気である（と思われている）ことを意味する。

1967年9月、ノーベル平和賞受賞の3年後、暗殺される前年に、マルティン・ルーサー・キング・ジュニア博士は、ワシントンDCで開催されたアメリカ心理学会の年次大会において基調講演をした。彼は、自ら不適応であることを誇り高く告白したが、まさにこの問題を述べている。

心理学を専門とする皆様から私たちは、重要なことばをいただきました。それは不適応ということばです。破壊的な不適応は撲滅すべしと宣言することは確かによいことでしょう。しかし、そうであっても、私は、この社会には、この世界には、決して適応してはならないものがあると、確信しています。もし私たちが、善き意志をもつならば、適応してはならない何かがあるのです。私たちは絶対に、人種差別と人種による隔離に適応してはなりません。私たちは絶対に、宗教にもとづく憎悪に適応してはなりません。私たちは絶対に、多数を犠牲にして少数が富を独占するような経済制度に適応してはなりません。私たちは絶対に、軍国主義の狂気と、身体的暴力という自滅的破壊に適応してはなりません。

つまり、私たちの世界は、国際創造的不適応推進協会というような、新しい組織を必要としていると言ってもよいでしょう。男も女も、預言者アモスのように不適応であるべきです。アモスは正義の無い時代に、「正義よ、水のように降り注げ。高潔よ、巨大な流れとなれ」と叫び、この叫びは何世紀にもわたってこだましました。あるいは、優柔不断でしたが、半数が奴隷で半数が自由人のままでは、この国は生き残れないことをついに悟ったエイブラハム・リンカーンのように、不適応であるべきなのです。奴隷制にありえないほど適応した時代の歴史の頁に、こう普遍的ことばを刻んだトマス・ジェファソンのように、不適応であるべきです。「私たちは、自明の真理として、すべての人は平等に造られ、造物主によって、一定の奪いがたい天賦の諸権利を付与され、その中に生命、自由および幸福の追求の含まれることを信ずる。」私たちは、このような創造的不適応によって、人間の人間に対する非人間的な振る舞いの横行する荒涼とした荒廃の闇夜から抜け出し、明るく輝く自由と正義の夜明けへと至ることができ

るのです。（King, 1967）

私には、キング牧師の適応してはならないもののリストに、さらに追加したいものがある。第一に、心理学の基本前提を追加したい。それは、個人が人間の心理生活の基本ユニットだという前提であり、人間の研究と理解にとって重要なのは行動だとする前提であり、人間の社会性は個人性に追加された二次的なものという前提であり、情動の領域と認知の領域は別物とする前提である。ヴィゴツキーは、これらの前提をもたない心理学を発展させようとした。彼の試みは、現在の社会文化的活動理論でも、意義深いかたちで継続されている。しかしながら、心理学の前提に加えて、適応すべきではない制度的バイアスがある。それは、方法とは適用されるものであるというバイアスであり、説明し解釈しカテゴリー化し、そして記述することが理解することであるというバイアスであり、科学的発見にとって客観性が必須だとするバイアスであり、発達は測定可能だとするバイアスであり、予測は可能であり望ましいとするバイアスである。私がこれらのことを制度的バイアスと呼ぶのは、自身を科学だとする心理学の自己主張に、哲学的にも政治的にも深く根ざしたバイアスだからだ。ヴィゴツキーは当時の心理学のいくつかの方法論的バイアスを拒否したのだが、これに鼓舞されてニューマンと私、そして仲間たちは、現代心理学のバイアスを拒否してきた。自然科学や物理学のパラダイムを受け入れるよりも、文化パフォーマンス活動としての心理学を実践しようとしたのだ。それは人びとが、集合的に力を発揮して、新しい環境を、新しい社会情動認知的成長を、社会関係論的な新しい生の形を創造する、参加プロセスである（Newman & Holzman, 1996/2006）。

この枠組みにおいては、ｚｐｄは、心理学を支配する、個人化された学習と発達のモデルの脱構築と再構築だと言える。人間の生の関係性と創造性を認めることで、ｚｐｄは個人と社会、内界と外界、主観と客観という心理学の二元論を回避する。これらの二元論は、「子どもたちは世界を認識するようになる」とか「世界に働きかける」とか「世界を構成する」といった、一般的に認められた発達心理学の言い回しに潜んでいる。このように子どもは世界から分離されているから、どのようにして個人が「世界の中で」発達するのかの説明を案出しなければならなくなった。しかし、もしｚｐｄが、私たちの住み暮らす生活空間であり、この生活空間を作り出す私たちと切り離せないとしたら（ニューマンと私はそのように仮定するのだが）、いかにして子どもたちと世界が「つながりをもつようになるのか」の説明は、そもそも無用である。

この個人化された学習－発達モデルを脱構築－再構築することには、政治的な含意もある。というのも、この脱構築－再構築によって、私たちは過去を反復したり、ただ可能性を空想するだけではすまなくなるからだ。確かに経験的に観察できる環境条件によって人間は決定されるのも事実である。しかしｚｐｄは社会－歴史－文化的に生み出された環境であって、その環境にあって人間はその環境そのものを完全に転換し、新しい何かを作り出す。ｚｐｄは、日常の世俗的実践の弁証法であり、発達を集合的に生み出すと同時に、その発達を可能にする環境でもある。さまざまに成果を生んできた実践プログラムにおいて、インスティチュートは、あらゆる生活形式における、重なりあうｚｐｄを創造するために力を傾注してきた。というのも、この関係的な活動において、疎外され化石となった生活形態が、新しい生の形へと転換されるからである（Newman & Holzman, 1996/2006）。

絶えず重なりあっていくｚｐｄの創造は、学習と発達を二元論的に考える市井の心理学と絶えず衝突する。人びとは社会的に学習し発達する、そして研究の単位は社会文化的な活動であるというヴィゴツキーの主張をしっかり受け入れることは、それがもたらすパラドクスに取り組むことを意味する。生は社会的に生きられる一方で、個人のものとして経験され関連づけられる。生が持続するプロセスである一方で、時間−空間の産物として経験され関連づけられる。人びとは社会的ユニットの中で、生き、学び、発達する。しかし、社会的ユニットの中で効果的に創造的に機能するようには言われない。ましてこのようなことについて語ることばをもたない。家族がどのように生活したいか語り合うことは稀であり、生徒と教師がどのようなクラスにしたいか話し合うことは稀であり、職場のグループがどうやって生産性と創造性を高めるか話し合うことも稀である。

ヴィゴツキーの著作は、没歴史的で没文化的で個人主義的な自己展開としての発達と学習の捉え方を、文化歴史的、社会的に創造されるプロセスへのパラダイムシフトを呼び起こし、支えた。この新しい理解がきっかけとなって、私と共同実践者、そして親しい研究仲間は、子どもたちや若者そして大人を、このパラドクスに直接的かつ実践的に取り組むようにした。それは、グループ創造への取り組みを避けて通れない活動に参加することである（たとえば、ソーシャルセラピーの環境を創造する、学校をパフォーマンスする、学習を即興する、アイデンティティと遊ぶ、人生を演じるなど）。もし「古典的な」道具と結果の弁証法があるなら、まさにこれである。なぜなら、グループのメンバーによるユニークな創造から独立した方法などなく、メンバーは参加しながら方法を発展させ、その過程で結果を「発見する」のであるから。

個人化された学習と発達のモデルになじんで、人びとはセラピーグループ、学級、放課後プログラムや他の学習発達環境に入ってくるとき、学習は個人的なものであり、変化の支援を受けるのも個人的なことだと信じ込んでいる。人びとは、学習し発達できる社会ユニットを創造するという課題を与えられる。これは、どうやったらよいかわからない課題であるだけでなく、そんなことは不可能だと考える。それでもなお、彼らは集合的プロセスに参加する。人びとは、集合的な学習と成長のプロセスに参加するなかで、個人として学習し成長することの限界に直面するようになる。彼らの新しい学習と発達（認知と情動の統合）は、グループ／アンサンブル／社会的ユニットを創造する活動の、道具であり結果でもある。

私は、人びとが発達的に、社会的存在を個別的で個人的な存在として経験するというパラドクスに取り組むことができるのは、パフォーマンスするときだ、と確信するに至った。ヴィゴツキーが示したように、子どもたちは現在の自分ではない者（話し手、芸術家、読者、母親など）を共同で演じることを通して、何者かになる。もし子どもたちが、何者かでありながら、同時に別の者になりつつあるのでないとしたら、人間文明の発展はありえない。このことをまったく自覚することなく、子どもたちはつながりの活動を通して「アンサンブルを創造する」。子どもたちの学習者としてのパフォーマンスは、発達を先導する。個人として社会化された後は、学習が先導する発達のためのアンサンブルを創造する能力は再活性化される必要がある。意識的なパフォーマンスは、この再活性化の方法となる。パフォーマンスは存ることと成ることとの関係性を強化するからである。パフォーマンスは私たちに、社会的存在であることを思い起こさせる。心理学の言説をもじって言えば、人間の発達プロセスは、発達のステージ（段階）を次々たどるプロセスというよりも、発達のステージ（舞台）を創造してゆくプロセスとして特徴づけることができる（Holzman, 1997b）。

インスティチュートのオンラインセミナーで交わされた、ジムと12歳の娘ジェシーの会話に戻ろう。もしかすると、この会話は伝統的「足場掛けタイプ」で、有能な大人がそうでない子どもを支援して、子どもが発達のレベルを超えて新しい学習をしているように見えるかもしれない。そのような見方は、「発達的／世界をよりよい場所にする」という視点から見て、もっとも大事なことを見失っていると思う。ジムとジェシーは、新しい情動－認知的空間、新しい父－娘の生活形式、新しい思考とことばと活動のパフォーマンスを創造したのである。ジムは、この経験が自分、ジェシー、そして二人の関係を転換するものだと気づいた。次の文章は、ジムがセミナーに投稿したものの一部である。

何が起きたのか、私なりに理解したことを書いてみます。ジェシーに宿題の手助けを頼んだとき、ジェシーは嫌がりました。理由は、その日、娘が友達と出かけたいというのを私が「だめ」と言ったからでしょう。娘はいやいや「いいよ」と言いました。一緒に宿題をやっているとき、娘の友達が電話してきて、娘は今お父さんの宿題を手伝っていて忙しいと話していました。最初にテキストを読んだときは、とくに感じることもなかったようでした。私は、テキストが難しかったかと思って、ポイントを強調しながらもう1回読んでみました。娘が混乱してしまったところを再度読んで、彼女が何を考えているか話してもらったことで、考えにつながりをつけたり変えたりしているのがわかりました。私は、再読しているときあまり説明しないようにして、彼女が既に述べたことを補強したり、語の意味を理解するのを助けるだけにとどめました。

一緒に宿題を始めて数分で、娘との関係が変化し、ジェシーの態度も変化したことがわかりました。娘の理解が飛躍したこと、つまり毎日セラピーする生活から、誰もが良い人である世界への飛躍に驚きました。ジェシーは「教えられる」ことを許しませんでした。難しいと思った文章を彼女が素早く学んだことに驚きましたし、宿題を手伝ってもらうあいだ、ただ再読して難しい単語をいくつか説明するだけですんだことにもびっくりしました。普通は、文章を読み返したり、読ませられたり、説明されるのをとても嫌がります。

母親も一緒に夕食をとっていたときに、ジェシーは宿題の手伝いの話を持ち出しました。その後、私が妻に、運転中に聞いたおもしろいラジオの話をしたとき、ジェシーも話に加わってきました。普通だったらｉＰｏｄを聞いていて、ラジオの話なんてつまらないと言うでしょう。明らかに、彼女は私と母親の話に注意を向けていて、気配りしながら話に入ってくることができました。

娘を選んだことはとてもよかったし、この活動が数週間続いていた父‐娘のあいだの荷を軽くしてくれたように思います。私は自分の役割（父親）にはまり込んでしまっていると感じるときにも、まだ（常に?・）役割／関係を作りなおす機会があると思いました。そんなに大げさなことをする必要はなくて、やったことのない、これまでとは違う何かでいいんです。あるいは、前にしたことがあっても、「マンネリ」になっていないようなことです。

セミナーの他の参加者も、同じように、『心理学的探究』から選んだ対話について、家族や友人や同僚と行なった会話を投稿してきた。それらからわかるのは、ジムと同じような経験をしたことである（たとえば、「友達との関係が打ち解けたものになった」「このちょっとした時間が、日常の会話をとても大きく変えました」「私はいつも論理的に考えるたちなんですが、なにか一緒にパフォーマンスし創造することの重要性を自覚できました」）。

「大人の遊びとしての即興」と題する論文で、アーチン・ゴンスとアンソニー・ペローンは、セカンドシティー即興喜劇団の初代演出家だったポール・シルズのことばを引用している。「それは私の知っていることでも、あなたが知っていることでもない。それは、私とあなたのあいだで起こる何かであり、発見である。この発見は一人ではできない。常に他者がいる」(Göncü & Perone, 2005, p.144)。私たちは、自分自身を見るためには他者が必要なのである。それは、父と娘、夫と妻、最高経営責任者と管理職、都市貧困層の若者とウォールストリートの重役たち、教師と生徒、セラピストと患者と同じように、心理学の制度と教育研究にも当てはまる。この本を書きながら、私自身、多くの視点から、そして異なるレンズを通して、多様な「私たち自身」と「他者」を見直すことになった。しかしながら、新しい見方は、新しい存在のあり方からしか生まれない。パフォーマンスすること、つまり自分ではない誰かをパフォーマンスすることで自分を創造することは、行為よりも思考（あるいは知覚）活動を優先したり、情動に対して認知を優先したり、成ることよりも存ることを優先したりしない、「生の新しいあり方」である。それは、社会的で、共同的で、反省的で、再構成的な活動であり、そこに社会文化的な質的転換の可能性が潜んでいる。

私とこの本で名前を挙げた人びとだけでなく、名前を挙げなかった人びとも皆、ヴィゴツキーの死後、何十年もヴィゴツキーと一所懸命に仕事をし、一所懸命に遊んできた。人間の発達と学習の「問題」はいまだ未解決であるばかりか、この惑星の人間環境と物理環境が危機に瀕していることを思えば、さらに差し迫っていると言わねばならない。しかしヴィゴツキーの人生と仕事は、私たちを鼓舞し続ける。もしこの発達と学習の問題を、日常的で、直接的で、実践的なやり方で問い続けるなら、人びとは世界を変えることができるに違いない。

訳者あとがき

本書は、Lois Holzman (2009) *Vygotsky at work and play*. London: Routledge. の翻訳である。

著者のホルツマン博士の経歴は一部本書でも紹介されているが、たいへん異色のヴィゴツキー研究者であり、コミュニティービルダーである。大学で教えたこともあるが、ほとんどはニューヨークの在野のアクティビストとして30年以上、実践をつづけてきた人物である。インスティチュートの所長として、海外も含めて、さまざまな講演やワークショップに飛び回ると同時に、オールスター等のインスティチュートからスピンアウトしたさまざまのプロジェクトのコンサルタントとして活動しながら実践と執筆を続けている。

著者との出会いは、といっても文献の上での出会いだが、非常に古いものである。私は1982年に大学院を中退し、国立国語研究所に職を得た。そのとき研究所の組合が傘下にあった文部省労働組合の中央執行委員（といっても、慣例で一番若手のぺーぺーだからやらされたのだが）の集まりで、当時国立教育研究所のやはり中央執行委員の上野直樹（私よりも先に就職していたが、やはりぺーぺーだったのだろう）と出会い、委員会のあとは必ず虎ノ門付近で飲むようになった。互いに現状の心理学に大きな不満を持っていることがわかり、83年ごろから、教育研究所や国語研究所を会場に定期的な研究会を始めた。この研究会にはさまざまな出入りがあったが、主たる参加メンバーは、私と上野のほか、宮崎清孝（早稲田大学）、石黒広昭（立教大学）、田島信元（白百合女子大）、有元典文（横浜国立大学）、吉岡有文（立教大学）、塚野弘明（岩手大学）などだった。そして佐伯胖先生をのぞいて、ほとんどが大学や研究所で職を得たばかりか、まだ大学院生だった。佐伯先生を

研究会では、参加者自身の研究発表もあったが、さまざまなものを読んだ。当時新しい英語版が用意されていたヴィゴツキーとヴィゴツキー関係のさまざまな著作と草稿、それに関連して私が大学院時代から読んでいた（正確には読もうと繰り返しチャレンジした）バフチンや、日常認知研究、アフォーダンス理論のギブソン、ヴィトゲンシュタインや日常言語派、エスノメソドロジーを始めとするミクロ社会学など、ふつうの心理学では問われないメタ理論の構築と、人々の日常実践に迫るために少しでも役に立ちそうなものなら何でもかじりついた。非常に貪欲な研究会だった。

そのなかに、本書でも言及されている、コールとホルツマン、マクダーモットらの、心理学の生態学的妥当性の欠如を批判する論文があった。"Ecological Niche Picking（生態学的ニッチェの知覚）" と題された草稿は、当時頻繁に米国に行っていた故波多野誼余夫先生が、留学中の三宅なほみ先生を経由して手にいれたもので、それをコピーさせてもらったという記憶がある。三宅先生はカリフォルニア大学サンディエゴ校のドン・ノーマンのところに留学中で、ノーマン研究室とコールの研究室に親交があったことから、めぐりめぐって、私たちの研究会にもたどり着いたというわけだ。このときの

研究会には楠見孝（京都大学）もいた。

私たちは、コールとホルツマン（このときは旧姓のフッド）、そしてマクダーモットの共著論文に大変感銘を受けた。通常の流通した心理学とは大いに違った、社会文化環境に認知活動が埋め込まれているとする論文であり、その後、研究会で状況的認知論を議論するための出発点となる論文だった。私たちが手にした時には、すでに何度もコピーを繰り返したためか、文字がつぶれて、相当に読みにくいものとなっていた。

この論文は、心理学のジャーナルからは掲載を拒否されて、アンダーグランドで流通した論文だった。しかし、日本ではこの論文に描かれたアダム（あるいはアーチャー）と呼ばれた、ＬＤの男子の物語は、私たちの研究会のメンバーの著作に頻繁に登場し、状況的認知を説明する上で、引用回数の多い研究となった。

ホルツマンとの再会は、１９９３年に出版された、故フレド・ニューマンとの共著 *Lev Vygotsky: Revolutionary Scientist* を通してだった。当時ヴィゴツキーに関する本（『具体性のヴィゴツキー』）をを書こうとしていた私は、さまざまなヴィゴツキー解説本を読みあさったが、一番しっくりとくるものだった。私は最初に書いた本『人はなぜ書くのか』（1988）で読み書きについて考えた。ヴィゴツキーに沿って、子どもたちが字を書き始めるときも、話しことばの学習と同じように、何かを手続き的に知る以前に、丸ごと実践してしまう事態に着目した。殴り書きやお手紙ごっこのような、文字以前に、読み書きが成立してしまうことに着目すべきと考えて、「先取的みごなし」という造語で学習の始まりを表現しようとした。このようにヴィゴツキーをとらえていた私にとって、ニューマンとホルツマンが提示するパフォーマンスの考え方、道具と結果の方法論やヘッドトーラーの概念は、ヴィゴツキーをきわめて的確に捉えるものと映った。

また当時、サッチマンに影響されて、相互行為のミクロな分析を研究会で取り上げていた私たちは、ヴィトゲンシュタイン派のエスノメソドロジーを西阪仰（明治学院大）らを研究会のゲストに招いて勉強していた。このような観点からすると、ホルツマンらの行為の非決定性や規則に従うことについての議論も、私にとって非常になじむものだった。

この本を通して、ホルツマンがコールと研究していた旧姓フッドと同一人物と知った。この偶然に興奮した私は、地下鉄三田線の巣鴨駅でたまたまお会いした波多野先生にこのことを話した記憶がある。千石に住んでいた私は、波多野先生が地下鉄の駅で『少年ジャンプ』を買うお姿を時々拝見していた。

ホルツマンらの実践は十分には理解できなかったが、インスティチュートにメイルして、彼らの催しのお知らせをもらうようになっていた。しかし、研究所から大学に異動したりで、交流とまではいたらなかった。

はじめて、ホルツマンと対面で会ったのは、２０１０年のニューヨークからプリンスエドワード島への飛行機の上だった。二人ともプリンスエドワード島大学でひらかれたマルキスト心理学会に参加しようとしていた。私は、本当は前日の乗り継ぎ便で行く予定だったが、ＪＦＫ空港についたとき、疲れと空港で飲んだワインのために寝てしまって飛行機に乗り遅れた。職員に泣きついて翌日のチケットをもらって、着替えも無いままに空港の中のホテルで一夜を過ごして翌日搭乗となった。この偶然で私は、ホルツマンの隣座席に座ることになった。そこから学会の会場で、食事の席で、いろいろと話をした。そのとき、なんとか日本に招聘したい旨を伝えて、発達心理学会の国際ワークショップ講師が実現できた。

ホルツマンと対面する前に、すでに本書を読んでいたのだが、やはりニューヨークで何が実践されているのかよく飲み込めなかった。2012年のワークショップにきてもらい議論するには見に行かないといけないと思い立ち、3月にインスティチュートを訪問して、本書にも登場する、レノラ・フラニ、パム・ルイス、ガブリエル・カーランダー、キャシー・サリット、キャリー・ロブマン等に会って話ができた。本書には登場しない、インスティチュートの秘書やオールスターの支援者である企業幹部たちに会って話を聞くこともできた。またソーシャルセラピーの責任者であるクリスティン・ラセルバの計らいで、実際にソーシャルセラピーのグループセッションを見ることもできたし、ちょうど行なわれていた北米各地から研修にきていたセラピストにまじって、スーパーヴィジョンのセッションにも加えてもらった。ホルツマンのパートナーであるダン・フリードマン、彼は演劇史で学位を取った演出家であり劇作家なのだが、夕食時にインスティチュートの創成期の個人的なエピソードを聞かせてくれた。オールスターの本拠地であるカスティロ劇場では、若者向けの種々のプログラムを見せてもらい、週末にはカーランダーが演出した、ニューマンの劇作『サリーとトム』をみた。

その後2012年10月の Performing the World（PTW）という催しにも参加し、2013年の3月にもニューヨークを訪問して、さらに多くのスタッフやボランティア、寄付者である企業重役達に話を聞くことができた。こうして少しずつ彼らの実践の広がりと、その背景にあるヴィゴツキーの方法論が理解でき、本当の意味で生かされていると感じた。

彼らの多様な実践とその歴史をすべて理解できたとは言わないが、その重要性はますますひしひしと感じるようになった。また彼らのプログラムを参考にした社会実践を日本に移入できないかとも思うようになった。そのためには、ぜひとも仲間が必要になると思い、まずは翻訳してゼミや研究会で学生や研究仲間に読んでもらう機会を何度か設けた。一番面白い研究会は、大野侚郎さんをはじめとする大塚の飲み仲間のおじさんたちならびに劇団黒テントの皆さんとやった読書会だった。黒テントの方々はセルビアでの紛争地区の演劇ワークショップという催しで、既にホルツマンと親交があった。私は2012年のPTWでお会いすることができて以来、共同研究している。

本書の日本語版が少しでも読みやすいものになったとしたら、研究会に参加してくれた方々のおかげである。参加者の意見は、ホルツマンのこなれすぎた（アカデミックな英語になれた私には日常的言い回しが多くて難しかった）英語を日本語にする上で助かった。もちろん読み難いところは私の責任だが。

本書が日本の読者のみなさんの心をかき立て、何かしら心に残ることを希う。

最後にさまざまな助言を下さった新曜社の塩浦暲氏を始めとする編集部の皆さんに感謝申し上げる。

茂呂雄二

著者・訳者紹介

ロイス・ホルツマン（Lois Holzman）

1977年コロンビア大学大学院修了，Ph. D（発達心理学）。ニューヨーク州立大学エンパイアステートカレッジ准教授を経て（1979年～1996年），現在，グループと短期心理療法のためのイーストサイド・インスティチュート所長。著書に本書のほか，ヴィゴツキーやソーシャルセラピーについての多くの単著，共著がある。

茂呂雄二（もろ ゆうじ）

1981年筑波大学大学院博士課程心理学研究科単位取得中退。博士（教育学）（2000年東京大学）。国立国語研究所言語教育研究部主任研究官を経て，現在，筑波大学人間系心理学域教授。著書には『なぜ人は書くのか』（東京大学出版会，1988）『対話と知』（編著，新曜社，1997）『実践のエスノグラフィ』（編著，金子書房，2001）『具体性のヴィゴツキー』（金子書房，1999）『実演家が学校にやってきた —— 和楽器授業ガイドブック』（共編著，日本芸能実演家団体協議会，2006）『ワードマップ　状況と活動の心理学』（共編著，新曜社，2012）『社会と文化の心理学』（共編著，世界思想社，2011）などがある。

新曜社

遊ぶヴィゴツキー
生成の心理学へ

初版第1刷発行　2014年9月20日
初版第3刷発行　2015年12月20日

著　者　ロイス・ホルツマン
訳　者　茂呂雄二
発行者　塩浦　暲
発行所　株式会社　新曜社
101-0051　東京都千代田区神田神保町3－9
電話（03）3264－4973（代）・FAX（03）3239－2958
e-mail : info@shin-yo-sha.co.jp
URL : http://www.shin-yo-sha.co.jp
組　版　Katzen House
印　刷　新日本印刷
製　本　イマヰ製本所

ISBN978-4-7885-1408-9 C1011

人名索引

■ ラ行

事項索引

■ サ行

■ タ行

■ ナ行

■ ハ行

■マ行

■ヤ行

■ラ行

■ワ行

文　献

Allal, L., & Pelgrims, A. (2000). Assessment of or in the zone of proximal development. *Learning and Instruction, 10*(2), 137-152.

American Psychiatric Association (2000). *Diagnostic and statistical manual of mental disorders DSM-IV-TR, Fourth Edition*. Washington, DC: APA. [American Psychiatric Association 編／高橋三郎・大野裕・染矢俊幸訳 (2002).『DSM-IV-TR 精神疾患の診断・統計マニュアル』医学書院]

American Psychological Association Policy and Planning Board (2005). APA 2020: A perfect vision for psychology; 2004 Rve-year report of the Policy and Planning Board. *American Psychologist, 60*, 512-522.

Anderson, H. (1997). *Conversation, language and possibilities: A postmodern approach to therapy*. New York: Basic Books. [アンダーソン／野村直樹・青木義子・吉川悟訳 (2001).『会話・言語・そして可能性：コラボレイティヴとは？　セラピーとは？』金剛出版]

Anderson, H., & Gehart, D. (2007). (Eds.). *Collaborative therapy: Relationships and conversations that make a difference*. New York: Routledge.

Appiah, K. A. (1996). Race, culture, identity: Misunderstood connections. In K. A. Appiah & A. Gutmann (Eds.), *Color consciousness: The political morality of race* (pp.30-105). Princeton, NJ: Princeton University Press.

Arts Education Partnership (1999). *Champions of change: The impact of the arts on learning*. Washington, DC: Arts Education Partnership.

ASCD Smart Brief (January, 2008). Available at http://www.smartbrief.com/.

Baker, G. P. (1992). Some remarks on "language" and "grammar." *Grazer Philosophische Studien, 42*, 107-131.

Baker-Sennett, J., & Matusov, E. (1997). School "performance" : Improvisational processes in development and education. In R. K. Sawyer (Ed.), *Creativity in performance* (pp.197-212). New York: Ablex.

Barrett, F. (2006). Living in organizations: Lessons from jazz improvisation. In S. McNamee & D. M. Hosking (Eds.), *The social construction of organization* (pp.269-277). Denmark: Liber and Copenhagen Business School Press.

Bartlett, F. (1958). *Thinking*. New York: Basic Books.

Barton, W. H., Watkins, M., & Jarjoura, R. (1997). Youths and communities: Toward comprehensive strategies for youth development. *Social Work, 42*, 483-494.

Bateson, G. (1972). Social planning and the concept of deutero-learning. In G. Bateson, *Steps to an ecology of mind* (pp.159-176). New York: Ballantine. Originally published as Bateson, G. (1942). Comment on "The comparative study of culture and the purposive cultivation of democratic values" by Margaret Mead. In L. Bryson & L. Finkelstein (Eds.), *Science, philosophy and religion: second symposium* (pp.81-97). New York: Conference on Science, Philosophy and Religion in Their Relation to the Democratic Way of Life, Inc. ［ベイトソン／佐藤良明訳 (1990).『精神の生態学』思索社］

Berk, L. E., & Winsler, A. (1995). *Scaffolding children's learning: Vygotsky and early childhood education*. Washington, DC: National Association for the Education of Young Children.

Betts, J. D. (2006). Multimedia arts learning in an activity system: New literacies for at-risk children. *International Journal of Education & the Arts, 7*, 7. From http://www.ijea.org/v7n7/index, accessed 8 August 2008.

Blantern, J., & Anderson-Wallace, M. (2006). Patterns of engagement. In D. M. Hosking & S. McNamee (Eds.), *The social construction of organization* (pp.70-85). Denmark: Liber and Copenhagen Business School Press.

Blatner, A. (1997). *The art of play*. New York: Brunner/Mazel.

Bodilly, S., & Beckett, M. K. (2005). *Making out of school time matter: Evidence for an action agenda*. San Francisco, CA: Rand.

Borko, H., & Livingston, C. (1989). Cognition and improvisation: Differences in mathematics instruction by expert and novice teachers. *American Educational Research Journal, 26*, 473-498.

Bridglall, B. L. (2005). Varieties of supplementary education interventions. In E. W. Gordon, B. L. Bridglall, & A. S. Meroe (Eds.), *Supplementary education: The hidden curriculum of high academic achievement* (pp.190-210). Latham, MD: Rowman and LittleReld.

Brown, K., & Cole, M. (no date). Cultural historical activity theory and the expansion of opportunities for learning after school. From http://lchc.ucsd.edu/People/MCole/browncole.html, accessed 13 June 2006.

Bruner, J. (1996). Celebrating divergence: Piaget and Vygotsky. Keynote Address, Growing Mind Conference, Geneva, September 1996.

Bruner, J. (2004). Introduction to *Thinking and speech*. In R. W. Reiber & D. K.

Robinson (Eds.), *The essential Vygotsky* (pp.9-25). New York: Kluwer Academic/Plenum.

Burman, E. (1994). *Deconstructing developmental psychology*. London: Routledge. ［バーマン／青野篤子・村本邦子監訳 (2012).『発達心理学の脱構築』ミネルヴァ書房］

Carnegie Council on Adolescent Development (1992). *A matter of time: Risk and opportunity in the nonschool hours*. Carnegie Council Monograph. Available at http://www.carnegie.org/ccadpubs.htm, accessed 1 December 2007.

Chadwick, P. (2006). *Person-centered cognitive therapy for distressing psychosis*. Chichester, UK: Wiley.

Childress, H. (1998). Seventeen reasons why football is better than high school. *Phi Delta Kappan, 79*, 616-620.

Cole, M. (1996). *Cultural psychology: A once and future discipline*. Cambridge, MA: Harvard University Press. ［コール／天野清訳 (2002).『文化心理学：発達・認知・活動への文化 - 歴史的アプローチ』新曜社］

Cole, M., & the Distributed Literacy Consortium (2006). *The Fifth dimension: An after-school program built on diversity*. New York: Russell Sage Foundation.

Cole, M., Hood [Holzman], L., & McDermott, R. P. (1978). *Ecological niche-picking: Ecological invalidity as an axiom of experimental cognitive psychology*. New York: Rockefeller University, Laboratory of Comparative Human Cognition.

Cooper, C. (2004). "A struggle well worth having" : The uses of theatre-ineducation (TIE) for learning. *Support for Learning, 19*(2), 81-87. DOI:10.1111/j.0268-2141.2004.00325.x

Csíkszentmihályi, M. (1991). *Flow: The psychology of optimal experience*. New York: HarperCollins. ［チクセントミハイ／今村浩明訳 (1996).『フロー体験　喜びの現象学』世界思想社］

Danziger, K. (1997). *Naming the mind: How psychology found its language*. London: Sage. ［ダンジガー／河野哲也監訳 (2005).『心を名づけること：心理学の社会的構成』勁草書房］

Davydov, V. V. (1988). Problems of developmental teaching. *Soviet Education, 30*(8), 15-97.

Davydov, V. V. (1999). What is real learning activity? In M. Hedegaard & J. Lompscher (Eds.), *Learning activity and development* (pp.123-138). Aarhus, Denmark: Aarhus University Press.

DiPardo, A., & Schnack, P. (2004). Expanding the web of meaning: Thought and

emotion in an intergenerational reading and writing program. *Reading Research Quarterly, 39*, 14-37.

Drucker, P. F. (1988). The coming of the new organization. *Harvard Business Review, 66*(1), 45-53.

Elkonin, D. B., & Davydov, V. V. (1966). *Learning possibilities at different ages*. Moscow: Prosvescenie.

Engeström, Y. (2005). *Developmental work research: Expanding activity theory in practice.* Berlin: Lehmanns Media.

Engeström, Y., & Kerosuo, H. (2007). From workplace learning to interorganizational learning and back: The contribution of activity theory. *Journal of Workplace Learning, 19*, 336-342.

Engeström, Y., Engeström, R., & Kerosuo, H. (2003). The discursive construction of collaborative care. *Applied Linguistics, Special Issue, 24*, 286-315.

Epstein, R. (2007). Why high schools must go: An interview with Leon Botstein. *Phi Delta Kappan, 88*, 659-663.

Feldman, N. (2008). Assisting children in the creation of new life performances: Expanding possibilities for social and emotional development. *Child and Adolescent Social Work Journal. 25*(2), 85-97.

Finn, J. L., & Checkoway, B. (1995). Young people as competent community builders: A challenge to social work. *Social Work, 43*, 335-345.

Friedman, D. (1990). The Soviet Union in the 1920s - An historical laboratory. *Practice: The Magazine of Psychology and Political Economy, 7*(3), 4-9.

Friedman, D. (1999). Performance of a Lifetime: Interactive growth theatre and the development of performance in everyday life. *Theatre Insight, 10*(2), 25-38.

Friedman, D. (2003). Extra theatrical performance: Acting leaves home and Rnds a whole new world. *Backstage, August 1*, 24-27.

Fulani, L. (2004). Résumé stories. In H. L. Gates, Jr (Ed.), *America behind the color line: Dialogues with African Americans* (pp.104-121). New York: Warner Books.

Gajdamaschko, N. (2005). Vygotsky on imagination: Why an understanding of the imagination is an important issue for schoolteachers. *Teaching Education, 16*, 13-22.

Gates, H. L. Jr. (2004). (Ed.). *America behind the color line: Dialogues with African Americans*. New York: Warner Books.

Gergen, K. J. (1991). *The saturated self: Dilemmas of identity in contemporary life*. New York: Basic Books.

Gergen, K. J. (1994). *Realities and relationships: Soundings in social construction*. Cambridge, MA: Harvard University Press.［ガーゲン／永田素彦・深尾誠訳 (2004).『社会構成主義の理論と実践：関係性が現実をつくる』ナカニシヤ出版］

Gergen, K. J. (1999). Foreward. In L. Holzman (Ed.), *Performing psychology: A postmodern culture of the mind* (pp.1-2). New York: Routledge.

Gergen, K. J. (2001). *Social construction in context*. London: Sage.

Gergen, K. J. (2006). *Therapeutic realities: Collaboration, oppression and relational flow*. Chagrin Falls, OH: Taos Institute Publications.

Gergen, K. J., & Thatchenkery, T. (2006). Organizational science and the promise of postmodernism. In S. McNamee & D. M. Hosking (Eds.), *The social construction of organization* (pp.34-51). Denmark: Liber and Copenhagen Business School Press.

Glick, J. (2004). The history of the development of higher mental function. In R. W. Rieber & D. K. Robinson (Eds.), *The essential Vygotsky* (pp.345-357). New York: Kluwer Academic/Plenum.

Goldstein, L. S. (1999). The relational zone: The role of caring relationships in the co-construction of mind. *American Educational Research Journal, 36*, 647-673.

Göncü, A., & Gaskins, S. (2007). (Eds.). *Play and development: Evolutionary, sociocultural and functional perspectives*. New York: Psychology Press.

Göncü, A., & Perone, A. (2005). Pretend play as a life-span activity. *Topoi, 24*, 137-147.

Gordon, E. W. (1999). *Education and justice: A view from the back of the bus*. New York: Teachers College Press.

Gordon, E. W., Bridglall, B. L., & Meroe, A. S. (2005). *Supplementary education: The hidden curriculum of high academic achievement*. Latham, MD: Rowman and LittleReld.

Griggs, T. (2001). Teaching as acting: Considering acting as epistemology and its use in teaching and teacher preparation. *Teacher Education Quarterly, 28*(2), 23-37.

Haggbloom, S. J., Warnick, R., Warnick, J. E., Jones, V. K., Yarbrough, G. L., Russell, T. M., et al. (2002). The 100 most eminent psychologists of the twentieth century. *Review of General Psychology, 6*, 139-152.

Harris, P., & Daley, J. (no date). Social capital and adult learning: Exploring play in institutional settings. From http://www.ala.asn.au/conf/2006/papers/refereed%20papers/ALA2006_Paper_%20HarrisDaley_S20_.pdf, accessed 1 December 2007.

Heath, S. B. (2000). Making learning work. *Afterschool Matters: Dialogues in Philosophy, Practice and Evaluation, 1*, 33-45.

Heath, S. B., Soep, E., & Roach, A. (1998). Living the arts through language and learning:

A report on community-based youth organizations. *Americans for the Arts Monographs, 2*(7), 1-20.

Hedegaard, M., & Lompscher, J. (1999). *Learning activity and development.* Aarhus, Denmark: Aarhus University Press.

Henig, R. M. (2004). Sorry. Your eating disorder doesn't meet our criteria. New York Times, 30 November 2004. Available at http://www.nytimes.com/2004/11/30/health/psychology/30eat.html?pagewanted=2&_r=1&sq=eating%20disorders&st=cse&oref=slogin&scp=8.

Holzman, L. (1990). Lev and let Lev: An interview on the life and works of Lev Vygotsky. *Practice: The Magazine of Psychology and Political Economy, 7*(3), 11-23.

Holzman, L. (1993). The Rainbow Curriculum in democracy-centered schools: A new approach to helping children learn. *Inquiry: Critical Thinking Across the Disciplines, 11*(3), 3-5.

Holzman, L. (1995). Creating developmental learning environments: A Vygotskian practice. *School Psychology International, 16*, 199-212.

Holzman, L. (1997a). *Schools for growth: Radical alternatives to current educational models.* Mahwah, NJ: Lawrence Erlbaum Associates.

Holzman, L. (1997b). The developmental stage. *Special Children*, June/July, 32-35.

Holzman, L. (1999). (Ed.), *Performing psychology: A postmodern culture of the mind.* New York: Routledge.

Holzman, L. (2000). Performative psychology: An untapped resource for educators. *Educational and Child Psychology, 17*(3), 86-103.

Holzman, L. (2002). *Young people learn by studying themselves: The All Stars Talent Show in action.* New York: East Side Institute for Short Term Psychotherapy.

Holzman, L. (2006). Lev Vygotsky and the new performative psychology: Implications for business and organizations. In D. M. Hosking & S. McNamee (Eds.), *The social construction of organization* (pp.254-268). Denmark: Liber and Copenhagen Business School Press.

Holzman, L., & Mendez, R. (2003). *Psychological investigations: A clinician's guide to social therapy.* New York: Brunner-Routledge.

Holzman, L., & Morss, J. (Eds.) (2000). *Postmodern psychologies, societal practice and political life.* New York: Routledge.

Holzman, L., & Newman, F. (1985/1988). History as an anti-paradigm. *Practice: The*

Journal of Politics, Economics, Psychology, Sociology & Culture, 3, 3. Reprinted in L. Holzman & H. Polk (Eds.), *History is the cure: A social therapy reader* (pp.55-67). New York: Practice Press.

Holzman, L., & Newman, F. (1987). Language and thought about history. In M. Hickmann (Ed.), *Social and functional approaches to language and thought* (pp.109-121). London: Academic Press.

Holzman, L., & Newman, F., with T. Strong (2004). Power, authority and pointless activity: The developmental discourse of social therapy. In T. Strong & D. PareA (Eds.), *Furthering talk: Advances in discursive therapies* (pp.73-86). New York: Kluwer Academic.

Hood [Holzman], L., & Newman, F. (1979). *The practice of method: An introduction to the foundations of social therapy*. New York: New York Institute.

Hood [Holzman], L., McDermott, R. P., & Cole, M. (1980). "Let's try to make it a good day" - Some not so simple ways. *Discourse Processes, 3*, 155-168.

Hood [Holzman], L., Fiess, K., & Aron, J. (1982). Growing up explained: Vygotskians look at the language of causality. In C. Brainerd & M. Pressley (Eds.), *Verbal processes in children* (pp.265-286). New York: Springer-Verlag.

John-Steiner, V., & Souberman, E. (1978). Afterword. In L. S. Vygotsky, *Mind in society* (pp.121-133). Cambridge, MA: Harvard University Press.

Johnstone, K. (1981). *Impro: Improvisation and the theatre*. New York: Routledge. ［ジョンストン／三輪えり花訳 (2012).『インプロ：自由自在な行動表現』而立書房］

Jones, J. C. (2003). Transforming school culture through the arts. *The Evaluation Exchange, IX*(4), Winter 2003/2004, p.18.

Kane, P. (1995). *The play ethic*. New York: Macmillan.

King, M. L. Jr (1967). The role of the behavioral scientist in the civil rights movement. APA Monitor Online. From http://www.apa.org/monitor/jan99/king.html, accessed 10 September 2007.

Klein, J. (2007). Teaching theater today. *Theater Topics, 17*(2), 169-170.

Kozol, J. (2005). *The shame of the nation: The restoration of apartheid schooling in America*. New York: Crown.

Kuhn, T. S. (1962). *The structure of scientific revolutions*. Chicago, IL: University of Chicago Press. ［クーン／中山茂訳 (1971).『科学革命の構造』みすず書房］

Kvale, S. (1992). (Ed.), *Psychology and postmodernism*. London: Sage. ［クヴァル編／安藤哲郎ほか訳 (2001).『心理学とポストモダニズム：社会構成主義とナラティ

ヴ・セラピーの研究』こうち書房]

LaCerva, C. (1992). Talking about talking about sex: The organization of possibilities. In J. T. Sears (Ed.), *Sexuality and the curriculum: The politics and practice of sexuality education* (pp.124-137). New York: Teachers College Press.

Lampert-Shepel, E. (September-October, 2003). (Ed.) Learning activity. *Journal of Russian and East European Psychology, 41*(4).

Lantoff, J. P. (Ed.). (2000). *Sociocultural theory and second language learning*. Oxford: Oxford University Press.

Levitan, K. (1982). *One is not born a personality: Profiles of Soviet education psychologists*. Moscow: Progress Publishers. [レヴィチン/柴田義松訳 (1984).『ヴィゴツキー学派:ソビエト心理学の成立と発展』ナウカ]

Lidz, C. S., & Gindis, B. (2003). Dynamic assessment of the evolving cognitive functions in children. In A. Kozulin, B. Gindis, V. S. Ageyev, & S. M. Miller (Eds.), *Vygotsky's educational theory in cultural context* (pp.99-116). New York: Cambridge University Press.

Linder, M.-O., Roos, J., & Victor, B. (2001). Play in organizations. Working Paper 2, Imagination Lab. From http://www.imagilab.org/pdf/wp01/WP2.pdf, accessed 12 December 2007.

Lissack, M., & Roos, J. (no date). Words count: Viewing organizations as emerging systems of languaging. From http://lissack.com/writings/AMRRnal.pdf, accessed 10 January 2008.

Lobman, C. (2003). What should we create today? Improvisational teaching in early childhood classrooms. *International Journal for Early Years Education, 23*, 133-145.

Lobman, C. (2005). "Yes and." The uses of improvisation for early childhood teacher development. *The Journal of Early Childhood Teacher Education, 26*, 315-319.

Lobman, C. (in press). Improvising with(in) the system: Creating new teacher performances in inner city schools. In R. K. Sawyer (Ed.), *The teaching paradox: Creative improvisation in the classroom*. Cambridge: Cambridge University Press.

Lobman, C. (under review). Improvisation: A postmodern playground for early childhood teachers. Submitted for publication to S. Ryan & S. Grieshaber (Eds.), *Putting postmodern theories into practice*. New York: JAI Press.

Lobman, C., & Lundquist, M. (2007). *Unscripted learning: Using improv activities across the K-8 curriculum*. New York: Teachers College Press.

Lope, L. (1981). Problem solving in a human relationship: The interactional

accomplishment of a "Zone of Proximal Development" in therapy. *The Quarterly Newsletter of the Laboratory of Comparative Human Cognition, 3*(1), 1-5.

McDermott, R. P., & Hood [Holzman], L. (1982). Institutional psychology and the ethnography of schooling. In P. Gilmore & A. Glatthorn (Eds.), *Children in and out of school: Ethnography and education* (pp.232-249). Washington, DC: Center for Applied Linguistics.

McLeod, J. (1997). *Narrative and psychotherapy.* London: Sage. ［マクレオッド／下山晴彦監訳 (2007).『物語りとしての心理療法：ナラティヴ・セラピィの魅力』誠信書房］

McMurrer, J. (2008). Instructional time in elementary schools: A closer look at changes in speciRc subjects. Center on Educational Policy. From http://www.cep-dc.org/_data/n_0001/resources/live/InstructionalTime Feb2008.pdf, accessed 3 February 2008.

McNamee, S., & Gergen, K. J. (Eds.), (1992). *Therapy as social construction.* London: Sage. ［マクナミー＆ガーゲン編／野口裕二・野村直樹訳 (1997).『ナラティヴ・セラピー：社会構成主義の実践』金剛出版］

McNamee, S., & Gergen, K. J. (1999). *Relational responsibility: Resources for sustainable dialogue.* Thousand Oaks, CA: Sage.

MacNaughton, G., & Williams, G. (1998). *Techniques for teaching young children: Choices in theory and practice.* French Forests, Australia: Longman.

Mahoney, J. L., Larson, R. W., & Eccles, J. S. (2005). (Eds.). *Organized activities as contexts of development: Extracurricular activities, after school and community programs.* Mahwah, NJ: Lawrence Erlbaum Associates.

Marx, K. (1967). Economic and philosophical manuscripts. In E. Fromm (Ed.), *Marx's concept of man* (pp.90-196). New York: Frederick Ungar. ［フロム／樺俊雄・石川康子訳 (1970).『マルクスの人間観』合同出版］

Marx, K. (1974). Theses on Feuerbach. In K. Marx & F. Engels, *The German Ideology* (pp.121-123). New York: International Publishers. ［マルクス＆エンゲルス／廣松渉編訳 (2002).『ドイツ・イデオロギー』新編輯版，岩波文庫］

Miller, J. B. (1976). *Toward a new psychology of women.* Boston, MA: Beacon. ［ミラー／河野貴代美監訳 (1989).『Yes, But…：フェミニズム心理学をめざして』新宿書房］

Monk, G., Winslade, J., Crocket, K., & Epston, D. (Eds.) (1997). *Narrative therapy in practice: The archaeology of hope.* San Francisco, CA: Jossey-Bass. ［モンクほか編／国重浩一・バーナード紫訳 (2008).『ナラティヴ・アプローチの理論から実践

まで：希望を掘りあてる考古学』北大路書房］
Monk, R. (1990). *Ludwig Wittgenstein: The duty of genius*. New York: Penguin. ［モンク／岡田雅勝訳 (1994).『ウィトゲンシュタイン：天才の責務』みすず書房］
Montuori, A. (2003). The complexity of improvisation and the improvisation of complexity: Social science, art and creativity. *Human Relations, 56*, 237-255. Also from http://hum.sagepub.com.ogi/content/abstract/56/2/237, accessed 12 November 2007.
Morss, J. (1995). *Growing critical: Alternatives to developmental psychology*. London: Routledge.
Mupepi, S. C., Mupepi, M. G., Tenkasi, R., & Sorensen, P. (2006). Changing the mindset: Transforming organizations into high energized and performance organization. From http://www.midwestacademy.org/Proceedings/2006/papers/paper17.pdf, accessed 10 December 2007.
Nachmanovitch, S. (1990). *Free play: Improvisation in life and art*. New York: Putnam.
National Collaboration for Youth (1996). *Position statement on accountability and evaluation in youth development organizations*. Washington, DC: National Collaboration for Youth.
Neimeyer, R. A., & Raskin, J. D. (2000). Varieties of constructivism in psychotherapy. In K. Dobson (Ed.), *Handbook of cognitive behavioral therapies* (2nd ed., pp.393-430). New York: Guilford.
Nelmes, P. (2000). Developing a conceptual framework for the role of the emotions in the language of teaching and learning. Thematic Group 2, European Research in Mathematics Education III. From http://www.dm.unipi.it/vdidattica/CERME3/proceedings/tableofcontents_cerme3.html, accessed 1 December 2007.
Newman, D., Griffin, P., & Cole, M. (1989). *The construction zone: Working for cognitive change in school*. Cambridge: Cambridge University Press.
Newman, F. (1977/1983). Practical-critical activities: Toward a nonparadigmist analysis of contemporary US social deterioration. Reprinted in *Practice: The Journal of Politics, Economics, Psychology, Sociology & Culture, 1*(2), 20-28.
Newman, F. (1991). *The myth of psychology*. New York: Castillo International.
Newman, F. (1994). *Let's develop! A guide to continuous personal growth*. New York: Castillo International.
Newman, F. (1996). *Performance of a lifetime: A practical-philosophical guide to the joyous life*. New York: Castillo International.
Newman, F. (1999). A therapeutic deconstruction of the illusion of self. In L. Holzman

(Ed.), *Performing psychology: A postmodern culture of the mind* (pp.111-132). New York: Routledge.

Newman, F. (2000a). The performance of revolution (more thoughts on the postmodernization of Marxism). In L. Holzman & J. Morss (Eds.), *Postmodern psychologies, societal practice and political life* (pp.165-176). New York: Routledge.

Newman, F. (2000b). Does a story need a theory? Understanding the methodology of narrative therapy. In D. Fee (Ed.), *Pathology and the postmodern: Mental illness as discourse and experience* (pp.248-262). London: Sage.

Newman, F. (2003). Undecidable emotions (What is social therapy? And how is it revolutionary?). *Journal of Constructivist Psychology, 16*, 215-232.

Newman, F., & Holzman, L. (1993). *Lev Vygotsky: Revolutionary scientist.* London: Routledge.

Newman, F., & Holzman, L. (1996/2006). *Unscientific psychology: A cultural-performatory approach to understanding human life.* Lincoln, NE: iUniverse Inc. (originally published Westport CT: Praeger).

Newman, F., & Holzman, L. (1997). *The end of knowing: A new developmental way of learning.* London: Routledge.

Newman, F., & Holzman, L. (1999). Beyond narrative to performed conversation ('In the beginning' comes much later). *Journal of Constructivist Psychology, 12*, 23-40.

Nicolaidis, C., & Liotas, N. (2006). A role for theatre in the education, training and thinking processes of managers. *Industry and Higher Education, 20*, 19-24.

Nicolopoulou, A., & Cole, M. (1993). The generation and transmission of shared knowledge in the culture of collaborative learning: The Fifth Dimension, its play world, and its institutional contexts. In E. A. Forman, N. Minick, & C. A. Stone (Eds.), *Contexts for learning: sociocultural dynamics in children's development* (pp.283-314). New York: Oxford University Press.

Nissley, N., Taylor, S., & Houden, L. (2004). The politics of performance in organization theatre-based training and intervention. *Organizational Studies, 25*(5), 817-839.

No Child Left Behind Act of 2001, Pub.L.No.107-110 (2001).

Noddings, N. (1984). *Caring.* Berkeley, CA: University of California Press.［ノディングズ／立山善康ほか訳 (1997).『ケアリング：倫理と道徳の教育 —— 女性の観点から』晃洋書房］

Paré, D. A., & Larner, G. (2004). (Eds.), *Collaborative practice in psychology and therapy.* New York: Haworth Clinical Practice Press.

Parker, I. (2002). *Critical discursive psychology*. New York: Palgrave Macmillan.

Penuel, W. (1998). Adult guidance in youth development revisited: Identity construction in youth organizations. From http://psych.hanover.edu/vygotsky/penuel.html, accessed 30 January 2008.

Pineau, E. L. (1994). Teaching is performance: Reconceptualizing a problematic metaphor. *American Educational Research Journal, 31*(1), 3-25.

Pittman, K., & Cahill, M. (1991). A new vision: Promoting youth development (Commissioned Paper No. 3). Washington, DC: Academy for Educational Development, Center for Youth Development and Policy Research.

Portes, P. R. (2005, and under review). Cultural historical theory: Implications for counseling and psychotherapy: Theory and practice. Talk given at the ISCAR congress, Seville, 2005.

Prilleltensky, I. (1997). *Critical psychology: An introduction*. London: Sage.

Quine, W. V. O. (1961). *From a logical point of view*. New York: Harper & Row. ［クワイン／飯田隆訳 (1992).『論理的観点から：論理と哲学をめぐる九章』勁草書房］

Reifel, S. (1999). *Play contexts revisited*. Westport, CT: Greenwood.

Renesch, J., & Chawla, S. (2006). *Learning organizations: Developing cultures for tomorrow's workplace*. Portland, OR: Productivity Press.

Repkin, V. V. (2003). Developmental teaching and learning activity. *Journal of Russian and East European Psychology, 41*(5), 10-33.

Resnick, M. D., Harris, L., & Blum, R. (1993). The impact of caring and connectedness on adolescent health and well-being. *Journal of Paediatrics and Child Health, 29*, 83-89.

Rieber, R. W., & Robinson, D. K. (Eds.). (2004). *The essential Vygotsky*. New York: Kluwer Academic/Plenum.

Rieber, R. W., & Wollock, J. (1997). Prologue: Vygotsky's "crisis," and its meaning today. In R. W. Rieber & J. Wollock (Eds.), *The collected works of L. S. Vygotsky*, Volume 3 (pp. vii-xii). New York: Plenum.

Robbins, D., & Stetsenko, A. (Eds.). (2002). *Voices within Vygotsky's non-classical psychology: Past, present, future*. New York: Nova Science.

Robinson, K. (no date). From http://www.led.com/index.php/talks/ben_robinson_says_schools_kill_creativity.html, accessed 14 January 2008.

Rodgers, A., & Rodgers, E. M. (2004). *Scaffolding literacy instruction: Strategies for K-4*

classrooms. Portsmouth, NH: Heinemann.

Rogoff, B. (1990). *Apprenticeship in thinking: Cognitive development in social context*. New York: Oxford University Press.

Rogoff, B., & Lave, J. (1984). (Eds.), *Everyday cognition: Development in social context* (pp.95-117). Boston, MA: Harvard University Press.

Rosen, H., & Kuehlwein, K. T. (Eds.) (1996). *Constructing realities: Meaning-making perspectives for psychotherapists*. San Francisco, CA: Jossey-Bass.

Rothstein, S. W. (1994). *Schooling the poor: A social inquiry into the American educational experience*. Westport, CT: Greenwood.

Sabo, K. (1998). The effectivenss of performatory developmental learning for teaching high school ESL. Report prepared for the Virgina Wellington Cabot Foundation.

Sabo, K. (2003). A Vygotskian perspective on youth participatory evaluation. Youth participatory evaluation: A field in the making. Special issue of *New Directions for Evaluation, 98*, 13-24.

Sabo Flores, K. (2007). *Youth participatory evaluation: Strategies for engaging young people* (Research methods for the social sciences). San Francisco, CA: Jossey-Bass.

Salmon, P. (1980). *Coming to know*. London: Routledge.

Sampson, E. E. (1993). *Celebrating the other*. Hemel Hempstead, UK: Harvester Wheatsheaf.

Sawyer, R. K. (1997). *Pretend play as improvisation: Conversation in the preschool classroom*. Mahwah, NJ: Lawrence Erlbaum Associates.

Sawyer, R. K. (2000). Improvisational cultures: Collaborative emergence and creativity in improvisation. *Mind, Culture, and Activity, 7*(3), 180-185. DOI:10.1207/S15327884MCA0703_05.

Sawyer, R. K. (2001). *Creating conversations: Improvisation in everyday discourse*. Cresskill, NJ: Hampton Press.

Sawyer, R. K. (2003). *Group creativity: Music, theater, collaboration*. Mahwah, NJ: Lawrence Erlbaum Associates.

Sawyer, R. K. (2004). Creative teaching: Improvisation in the constructivist classroom. *Educational Researcher, 32*(2), 12-20.

Sawyer, R. K. (2007). Creative teaching: Collaborative discussion as disciplined improvisation. *Educational Researcher, 23*(2), 12-20.

Schrage, M. (1999). *Serious play: How the world's best companies simulate to innovate*. Cambridge, MA: Harvard Business School Press.

Seikkula, J. (1993). The aim of therapy is to generate dialogue: Bakhtin and Vygotsky in family session. *Human Systems, 3*, 33-48.

Seikkula, J. (2003). Dialogue is the change: Understanding psychotherapy as a semiotic process of Bakhtin, Voloshinov, and Vygotsky. *Human Systems: The Journal of Systemic Consultation & Management, 14*(2), 83-94.

Seligman, M. (2002). *Authentic happiness: Using the new positive psychology to realize your potential for lasting fulfillment*. New York: Simon & Schuster.［セリグマン／小林裕子訳 (2004).『世界でひとつだけの幸せ：ポジティブ心理学が教えてくれる満ち足りた人生』アスペクト］

Senge, P. M. (1990). *The Fifth Discipline: The art and practice of the learning organization*. New York: Currency Doubleday.［センゲ／枝廣淳子・小田理一郎・中小路佳代子訳 (2011).『学習する組織：システム思考で未来を創造する』英治出版］

Senge, P. M., Kleiner, A., Roberts, C., Ross, R., & Smith, B. (1994). *The Fifth Discipline fieldbook*. New York: Currency.［センゲ他／牧野元三訳 (2003).『フィールドブック学習する組織「5つの能力」：企業変革をチームで進める最強ツール』日本経済新聞社］

Senge, P., Scharmer, C. O., Jaworski, J., & Flowers, B.S. (2005). *Presence: An exploration of profound change in people, organizations and society*. New York: Currency.［センゲ／野中郁次郎監訳 (2006).『出現する未来』講談社］

Shotter, J. (1989). Vygotsky's psychology: Joint activity in the zone of proximal development. *New Ideas in Psychology, 7*, 185-204.

Shotter, J. (1993a). *Conversational realities: Studies in social constructionism*. London: Sage.

Shotter, J. (1993b). *Cultural politics of everyday life: Social constructionism, rhetoric and knowing of the third kind*. Toronto: University of Toronto Press.

Shotter, J. (2000). Seeing historically: Goethe and Vygotsky's "enabling theory-method." *Culture and Psychology, 6*(2), 233-252.

Shotter, J. (2006). Vygotsky and consciousness as conscientia, as witnessable knowing along with other. *Theory & Psychology, 16*(1), 13-36.

Soyland, A. J. (1994). *Psychology as metaphor*. London: Sage.

Spolin, V. (1963). *Improvisation for the theater*. Chicago, IL: Northwestern University Press.［スポーリン／大野あきひこ訳 (2005).『即興術：シアターゲームによる俳優トレーニング』未來社］

Spolin, V. (1975). *Theater games file*. Chicago, IL: Northwestern University Press.

Spolin, V. (1986). *Theater games for the classroom: A teacher's handbook*. Chicago, IL:

Northwestern University Press.

Stern, D. N. (2000). *The interpersonal world of the infant: A view from psychoanalysis and development psychology* (2nd ed.). New York: Basic Books. ［スターン／小此木啓吾・丸田俊彦監訳 (1989-1991). 『乳児の対人世界』 岩崎学術出版社］

Stetsenko, A. (2004). Section introduction. Scientific legacy: Tools and sign in the development of the child. In R. W. Rieber & D. K. Robinson (Eds.), *The essential Vygotsky* (pp.501-512). New York: Kluwer Academic/Plenum.

Strickland, G., & Holzman, L. (1989). Developing poor and minority children as leaders with the Barbara Taylor School Educational Model. *Journal of Negro Education, 58*, 383-398.

Strong, T., & Paré, D. A. (2004). (Eds.), *Furthering talk: Advances in discursive therapies.* New York: Kluwer Academic.

Sutton-Smith, B. (2001). *The ambiguity of play.* Cambridge, MA: Harvard University Press.

Terr, L. (1999). *Beyond life and work: Why adults need to play.* New York: Scribner.

Tharp, R. G. (1999). Therapist as teacher: A developmental model of psychotherapy. *Human Development, 42*, 18-25.

Tharp, R. G., & Gallimore, R. (1988). *Rousing minds to life: Teaching, learning and schooling in social context.* Cambridge: Cambridge University Press.

Toulmin, S. (1978). The Mozart of psychology. *The New York Review of Books, 25*(14), September.

Trevarthen, C. (1998). The concept and foundations of infant intersubjectivity. In S. Bråten (Ed.), *Intersubjective communication and emotion in early ontogeny* (pp.15-46). Cambridge: Cambridge University Press.

Valsiner, J. (1995). Human development and the process of psychotherapy: Some general methodological comments. In J. Siegfried (Ed.), *Therapeutic and everyday discourse as behavior change* (pp.81-93). Westport, CT: Greenwood.

Vera, D., & Crossan, M. (2004). Theatrical improvisation: Lessons for organizations. *Organizational Studies, 25*, 727-749. From http://oss.sagepub.com/ogi/content/abstract/25/5/727, accessed 1 December 2007.

Vygotsky, L. S. (1978). *Mind in society.* Cambridge, MA: Harvard University Press.

Vygotsky, L. S. (1987). *The collected works of L. S. Vygotsky, Volume 1.* New York: Plenum.

Vygotsky, L. S. (1993). *The collected works of L. S. Vygotsky, Volume 2: The fundamentals of*

defectology. New York: Plenum.

Vygotsky, L. S. (1994a). The problem of the environment. In R. van der Veer & J. Valsiner (Eds.), *The Vygotsky reader* (pp.338-354). Oxford, UK: Blackwell.［ヴィゴツキー／広瀬信雄・福井研介訳 (2002).『子どもの想像力と創造』（新訳版）新読書社］

Vygotsky, L. S. (1994b). Imagination and creativity of the adolescent. In R. van der Veer & J. Valsiner (Eds.), *The Vygotsky reader* (pp.266-288). Oxford, UK: Blackwell.

Vygotsky, L. S. (1997a). The historical meaning of the crisis in psychology: A methodological investigation. In *The collected works of L. S. Vygotsky, Volume 3* (pp.233-343). New York: Plenum.［ヴィゴツキー／柴田義松・森岡修一訳 (1987).『心理学の危機：歴史的意味と方法論の研究』明治図書］

Vygotsky, L. S. (1997b). *The collected works of L. S. Vygotsky, Volume 4*. New York: Plenum.

Vygotsky, L. S. (2004a). The collective as a factor in the development of the abnormal child. In R. W. Rieber & D. K. Robinson (Eds.), *The essential Vygotsky* (pp.201-219). New York: Kluwer Academic/Plenum Publishers.

Vygotsky, L. S. (2004b). Dynamics and structure of the adolescent's personality. In R. W. Rieber & D. K. Robinson (Eds.), *The essential Vygotsky* (pp.471-490). New York: Kluwer Academic/Plenum.

Weick, K. E. (2000). *Making sense of the organization*. London: Blackwell.［ワイク／遠田雄志・西本直人訳 (2001).『センスメーキング・イン・オーガニゼーションズ』文眞堂］

Wertsch, J. (1981). (Ed.), *The concept of activity in Soviet psychology*. Armonk, NY: M. E. Sharpe.

Wertsch, J. V. (1985). *Vygotsky and the social formation of mind*. Cambridge, MA: Harvard University Press.

Wertsch, J. V. (1991). *Voices of the mind: A sociocultural approach to mediated action*. Cambridge, MA: Harvard University Press.［ワーチ／田島信元ほか訳 (2004).『心の声：媒介された行為への社会文化的アプローチ』福村出版］

White, M. (2007). *Maps of narrative practice*. New York: W. W. Norton.［ホワイト／小森康永・奥野光訳 (2009).『ナラティヴ実践地図』金剛出版］

White, M., & Epston, D. (1990). *Narrative means to therapeutic ends*. New York: W. W. Norton.［ホワイト&エプストン／小森康永訳 (1992).『物語としての家族』金剛出版］

Wittgenstein L. (1953). *Philosophical investigations.* Oxford, UK: Blackwell. ［ウィトゲンシュタイン／藤本隆志訳 (1976).『哲学探究』(ウィトゲンシュタイン全集 8) 大修館書店］

Wittgenstein, L. (1965). *The blue and brown books.* New York: Harper Torchbooks. ［ウィトゲンシュタイン／大森荘蔵訳 (1975).『青色本・茶色本』(ウィトゲンシュタイン全集 6, 所収) 大修館書店］

Wittgenstein, L. (1984). *Culture and value.* Chicago: University of Chicago Press. ［ヴィトゲンシュタイン／丘沢静也訳 (1999).『反哲学的断章：文化と価値』青土社］

Wood, D., Bruner, J., & Ross, G. (1976). The role of tutoring in problem-solving. *Journal of Child Psychology and Psychiatry, 17*, 89-100.

Wood, L., & AttReld, J. (1996). *Play, learning, and the early childhood curriculum.* London: Paul Chapman.

Yinger, R. (1980). A study of teacher planning. *The Elementary School Journal, 80*, 107-127.

Yinger, R. (1987). *By the seat of your pants: An inquiry into improvisation and teaching.* Paper presented at the annual meeting of the American Educational Research Association, Washington, DC.

注

まえがき

[1] これらの研究者の名前をあげるにあたって、ロシアの研究者や、英語での著作がない研究者を軽んじたつもりはない。ただ、私のよく知っている方々をあげたのである。

第1章

[1] ニューマンと私は1970年代から、多くの書籍、論説、学術論文で、この制約と制約を解き放つ道筋について議論してきた。とくに、以下の書籍で、歴史的、哲学的、方法論的な議論を展開している。*Lev Vygotsky: Revolutionary Scientist* (Newman & Holzman, 1993)、*Unscientific Psychology: A Cultural-Performatory Approach to Understanding Human Life* (Newman & Holzman, 1996/2006)、*The End Of Knowing: A New Developmental Way of Learning* (Newman & Holzman, 1997)、*Schools for Growth: Radical Alternative to Current Educational Models* (Holzman 1997a)、*Performing Psychology: A Postmodern Culture of the Mind* (Holzman, 1999)、*Postmodern Psychologies: Societal Practice and Political Life* (Holzman & Morss, 2000)、*Psychological Investigations: A Clinician's Guide to Social Therapy* (Holzman & Mendez, 2003)、*The Myth of Psychology* (Newman, 1991)、*Let's Develop!* (Newman, 1994)、*Performance of A Lifetime* (Newman, 1996)。これらの著作は、本書で述べたことの基礎になっており、出典を示す必要がある時には引用している。

[2] 主流心理学を批判する最近の多数の研究の中で、これまでとは別のパラダイムを採用し、新しい主題を取り上げていると謳っているものに、以下がある。Anderson & Gehart (2007); Burman (1994); Cole (1996); Gergen (1994, 1999, 2001); Morss (1995); Neimeiyer & Raskin (2000); Parker (2002); Prilletensky (1997); Sampson (1993); Shotter (1993a, 1993b); Soyland (1994)。

[3] 活動理論とヴィゴツキアン心理学の用語で書くほかに、私たちは1970年代後半から、私たちの反パラダイム的方法論に、マルクス主義の言説と言語哲学の言説をミックスした表現を与えようとしてきた(Newman1997/1983, 2000a, 2003; Hood [Holzman] & Newman, 1979; Holzman & Newman, 1985/ 1988)。またポストモダンの言説も取り入れてきた

(Newman, 2000b; Newman & Holzman, 1996/2006, 1997, 1999)。

[4] これらは、ヴィゴツキーの著作（ならびに多数の翻訳）で頻繁に取り上げられるトピックである。本書では、それぞれのトピックがテキストのどこで取り上げられているかを明記はせず、あまり流通していない概念を議論するときに、特定の著作や特定の文章を参照することにした。ヴィゴツキーの書籍の以下のヴァージョンが、私の考えの主たる情報源である。"Thinking and Speech" in *The Collected Works of L. S. Vygotsky, Volume 1* (1987); "The historical meaning of the crisis in psychology" in *The Collected Works of L. S. Vygotsky, Volume 3* (1997a) および *The Essential Vygotsky* (Rieber & Robinson, 2004), および、以下の巻の他の部分。*The Collected Works of L. S. Vygotsky, Volume 2* (1993), *The Collected Works of L. S. Vygotsky, Volume 4* (1997b); および *Mind in Society* (1978)。

[5] あまり知られていないが、家族療法家や家族カウンセラーの中には、セラピーがもたらす変化の対話的理解をヴィゴツキーの社会的に構成された意味作用の議論によって説明したものもいる［たとえば、Seikkula (1993, 2003) や Strong & Paré (2004)］。

[6] 最近発展しているポジティブ心理学は、人間の病理や問題行動よりも強さや美徳に焦点をあわせ、幸福感や楽観性等の「ポジティブな」人間の情動を扱っている。しかし、ポジティブ心理学は、それが取って代わろうとしている心理学と同じように、過剰に認知的であり男性的である。ただ「テーマを変えた」だけであり、旧来の自然科学指向は何ら変わっていない (Seligman, 2002 を参照)。

[7] 以前の著書『レフ・ヴィゴツキー ── 革命的科学者（*Lev Vygotsky: Revolutionary Scientist*)』では、これら２つの方法論を区別するため、さまざまな道具の種類について述べた。

> たとえ簡単な辞書の定義でも、「道具」という用語は複雑極まりない。工業化された現代社会では、すくなくとも２つの異なる道具がある。一つには大量生産された道具（ハンマー、スクリュードライバー、チェーンソーなど）がある。かたや、道具職人や金型職人によってデザインされ作り出された道具がある。この種の道具は、他の生産品（時にはそれが道具である場合もある）を作るために一点物としてデザインされ開発された道具である。この２種類に関する区別は方法論的重要性を持つので、どういうことか明確にしておきたい。区別したいのは大量生産品か手作り品かの区別ではないし、生産者の意図に沿った道具使用か（ハンマーで釘を打つ）、他の目的で道具を使用するか（ハ

ンマーで人をたたく）でもないし、仕事をしても道具がそのままであるかそれとも変化するかの区別でもない。

人間が必要とし望むもののすべてが、近代社会で大量生産された既存の道具の適用（と使用）で制作できるわけではない。欲しい物を制作するために、特別な道具を作り上げなければならないことも珍しくない。金物屋においてある道具と、道具製作所や金型工場の道具は、結果のための道具であるか、それとも結果と道具の弁証法か、という質的違いがある。ハンマーのような金物屋の道具は、特定の目的のために有用であると認識される。つまり、それは特定の機能によって具体化され、それと認識される。そして工業生産されたハンマーは、人間活動の社会的な拡張として（あらゆる道具使用がそうであるように）人間のユーザーを規定するようになるかぎりにおいて、事前に決定された意味においてハンマーなのである。

道具制作者の道具は、最も重要な点で異なっている。一定の目的のために使われるが、まったく道具を使った結果と切り離すことができない。ある特定製品の生産を助ける目的で作り出された道具であるが、その活動を離れて既成の社会的アイデンティティをもつものとして具体化されることはない。実際、経験的には、（準道具あるいはより大きな生産物の一部である）生産物自体が生産物として認知されないように、こうした道具も道具として認知されない。それらは分割不可能なのだ。道具と生産物（結果）を定義するのは生産活動なのである。

そのような道具（意味論的に言えば、そのような「道具」という語の意味）は、物理的、象徴的、心理的な違いにかかわりなく、金物屋の道具を使う場合とは著しく異なって道具使用者を定義する。道具メーカータイプの社会的道具から発達した、内的・認知的で、態度に関連する、創造的で、言語的な道具は、すべて不完全であり、何かに適用されるのではなく、名付けられず、またおそらく名付けることもできない。もっとポジティヴに言えば、その基本的な性質（定義的特徴）は機能というよりむしろ、それを発達させる活動にあるため、結果から分離不可能なのだ。その機能は、それらの道具を発達させる活動から分離不可能だからである。それらは、生産のプロセスにおいて、そのプロセスによって、定義されるのである。（Newman & Holzman, 1993, pp.37-39）

[8] 多くの心理療法は伝統的に臨床実践をアートと見なしている。実存セラ

ピー、現象学的セラピー、社会構成主義セラピー、ナラティヴセラピー、ある種の精神分析派も、このような見方をとる。

[9] 商品としての人間について、マルクスは次のように述べている。「生産は、商品としての人間、つまり人間の商品、商品となった人間を生産するだけではない。この状況に合致して、人間を精神的にも身体的にも非人間化された存在として生産するのである」(Marx, 1967, p.111)。

[10] 学習と発達の関係に関する支配的見方（分離主義、アイデンティティ、相互作用主義の視点）に対抗するヴィゴツキーの議論は、研究に値する。ニューマンと私の、発達を先導する学習の理解に沿った議論は、以前の諸作にも述べられている(Holzman, 1997a; Newman & Holzman, 1993)。以下は、1997年の著作からの抜粋である。

> 発達を先導する教授／学習の弁証法的な統合体は、全体として発達する。学習は発達なしでは存在できないし、発達も学習なしでは存在できない。一方が他方の原因ではない。２つは、変化し続ける全体性の歴史的な相互条件なのである。しかし、もし一方が他方の原因や前提条件でないなら、ヴィゴツキーはどうして学習が発達を先導すると言えるのか、と問いたくなるだろう。「先導」は「原因」を意味しないのか、あるいは少なくとも「先行する」のではないのか。そうでないとすると、どうして学習が発達に「先行する」あるいは発達を「促進する」と言えるのか？
>
> ここに発達を先導する学習というヴィゴツキーの発見の最大の魅力と革命性（そして哲学）がある。きわめて非弁証法的な私たちの日常言語にとっては、「ある事物が他の事物を先導する」「彼女は私の探していた家まで先導してくれた」「米国は … において世界を先導する」「この本が私を天文学に先導してくれた」という表現のように、「先導」は時間、直線性、上下関係、あるいは原因を意味する。多くのヴィゴツキー研究者も、発達を先導する学習を、学習が発達の先に立つ、もしくは原因となると理解した。私の考えでは、そのような理解は誤りである。なぜなら、これは発達が（線形的に、時間的に、そして因果的な形で）学習を先導することの端的な否定に過ぎず、一方が他方に先立つとするこの２つのモデルが依拠する因果直線的モデルを否定する、ヴィゴツキーを無視しているからである。それればかりか、形而上学的な二元論ではなく、弁証法的な統一性を中心に据える、ヴィゴツキーの企図の全体を否定することになる。(Holzman, 1997a, pp.58-59)

第２章

[1] 個人が宇宙の中心だという感覚への挑戦がなぜセラピーなのか聞かれたニューマンは、以下のように答えている。

これがセラピーだと言えるのは、個人が成長しようとするとき、その人固有の形態のフラストレーションをその人固有のやり方で克服するのを助けるからです。これが人々がフラストレーションを克服するのを助けるのは、それはできないということを経験としてはっきりさせるからです。これは、野球のボールを400メートル投げさせるのがセラピーであるというのと同じくセラピーなのです。不可能だとわかれば、何ができるか、何が実行可能か、可能性があるかを考えざるを得ません。これは、人生の多くのことがセラピーであるように、セラピーなのです。しようとしていることの限界があらわになり、自分自身の限界が示されるなら、それは自分が創造できること、達成できることをよりいっそう受け入れるようになるプロセスの一部となり、セラピーとして役立つのです。そして、これが集合的に受け入れられ理解されたなら、ソーシャルセラピーはどのように新しいことをするかを教えてゆくことになり、それはグループが成長するということなのです。（Holzman & Mendez, 2003, p.65 に引用）

[2] これらに関連するプロジェクトに関する情報は、ウェブサイトで閲覧可能である。イーストサイドのサイトは、www.eastsideinstitute.org である。オールスターについては、www.allsras.org, 世界をパフォーマンスするは、www.performingtheworld.org, 人生のパフォーマンスは、www.performanceofalifetime.org を参照。

[3] 別の文献で、コールは同様の指摘をし、標準化テストに対する方法論的批判へと議論を拡大している。コールはイギリスの心理学者バートレットの思考についての研究（Bartlett, 1958）を援用して、クローズドシステム（固定した目的と構造）と、２つのオープンシステム —— 実験的思考（目標はあるが構造化が弱く制約も少ない）と、日常的思考（クローズドシステムの制約にも、実験システムの制約にも従わない） —— を区別している。

本論を終えるにあたっての私たちの結論は、標準化された認知心理学的実験手続きを使用するということは、大なり小なり、クローズドな分析システムをよりオープンな行動システムに首尾よく当てはめるということである。… 心理学者のクローズドシステムがモデル化しようとしているオープンシステムの要素を正しくとらえられない限

り、実験結果は生み出された当の生活プロセスを一貫して誤って解釈することになる。こうして生態学的妥当性の問題は、採用された分析手続きのゆえに、研究対象の現象に対する暴力という問題となる。この意味で私たちは、標準化されたテスト自体のなかに、生態学的妥当性を組み込まねばならないと論じるのである。(Cole, 1996, p.249)

[4] コールは「zpd」ではなく、豊かな意味を有するから「zo-ped」を採用すべきだと唱えたことがあった。第一に、とコール(リベリアでの調査をした)は述べる。

リベリアの田舎では、シャーマンはZoと呼ばれる。Zoは、グループのいさかいを解消する力のある存在であり、誰かが病気や恋愛や怒りに駆られたときに訪問する人物である。一般的に、人々は病気を他者の憎悪が原因だと見なしていて、病気の治癒と社会的いさかいの解消は非常に近いものと理解される。[第二に] pedは教育(pedagogy)の省略語である。発達的に生産的な教育には何が求められるだろうか? 少しの魔法と、良い、理論に裏打ちされた、教育実践である。(Cole, 2008, 私信)

[5]「集合的」ということばの否定的な含みが影響しているかもしれない。冷戦は、フロイトやビオン以来の社会的、集団的心理学理論と相まって、集合活動への懸念や疑いを生み、ただちに共産主義や社会主義、個人性の喪失、冷戦後になってもいまだに残るグループ心理や大衆心理を呼び起こすのである。

[6] とくにこの20年、発達心理学の文献には乳児の模倣能力に関する実験的研究が多数ある(Stern, 2000; Trevarthen, 1998)。多くの研究は乳児と母親の共同活動/パフォーマンス/動きの研究で、これを間主観性と呼んでいる。指摘すべきは、こうした研究の多くが社会的認知を指示するものだとしながら、しばしば母子間の情動的絆を強調していることである。この種の研究は、私の言うパフォーマンス概念によって読むことも可能である。

[7]「集合的インパルスとしての創造性」と題するエッセーで、ニューマンは以下のように述べている。

私を導くのは、一緒に仕事する人々とともに、集合的で創造的なインパルスです。どういうわけか、私にとってセラピーは、演劇の演出に似たものとなりました。演出をしているとき、私は自分が何を求めているのかまったくわからないということではないのですが、しかしなんと言っても支配的なのは、役者や技術者や、演出家としての私自

身の創造的なインパルスなのです。創造的インパルスで私が意味するのは、私たちが持つもの ── つまりアイディアや才能、前提、好み、そしてエネルギー ── を集合的に用いて、これらを注入することによって何か新しいもの、注入したものとはまったく違う何かを創造したいという欲望です。私の行なうセラピーの仕事は、この意味で、劇場の仕事に似ていると思うようになりました。新しいものを共に創造することで、「治癒」がもたらされると信じています。(Holzman & Mendes, 2003, p.74 から引用したニューマンのことば)

[8] ポストモダン・セラピーということばは、セラピストと患者の会話的で関係的な協働的特質に焦点を合わせた、非診断的アプローチを言う。ソーシャルセラピー以外に、社会構成主義、ナラティヴとコラボラティヴセラピーが、もっとも知られたポストモダン陣営である。これらのアプローチの理論的議論と実践の事例については、以下の書籍を参照。*Collaborative Therapy* (Anderson & Gehart, 2007); *Maps of Narrative Practice* (White, 2007); *Therapeutic Realities: Collaboration, Oppression, and Relational Flow* (Gergen, 2006); *Furthering Talk: Advances in Discursive Therapies* (Strong & Paré, 2004); *Collaborative Practice in Psychology and Therapy* (Paré & Larner, 2004); *Therapy as Social Construction* (McNamee & Gergen, 1992).

[9]「哲学においては、概念をある特殊なやり方で見るように強いられるように感じられる。私が示そうとするのは，別の見方の示唆であり、別の見方の創造である。あなたがかつて考えもしなかった可能性があると言っているのである。あなたはたった一つの可能性か、せいぜい２つの可能性しかないと考える。しかし私はあなたに、それ以外を考えるようにさせてあげよう。そればかりか、その概念が、その狭い可能性にしか適合しないと期待するのは馬鹿げたことだと分かるようにしてあげよう。かくして、あなたの心の束縛は解かれ、いまや自由に、言語表現の沃野を見通し、これまでとは違うそれらの使い方を描くことができるのである。」(Wittgenstein, Monk, 1990, p.502 に引用)

[10]「これ以降、私が言語ゲームと呼ぶものに繰り返し読者の注意を引きつけたいと思う。言語ゲームは、私たちの日常言語の高度に複雑化した記号使用と違って、非常に単純な記号使用の方法である。言語ゲームは、赤ちゃんが言語を用いはじめるときの言語の形式である。言語ゲームの研究は、言語の原始的形式、あるいは原始的言語の研究である。真偽、現実に関する命題への同意・不同意、主張や仮定や質問について研究したいなら、原

始的な言語形式を見ることには大いに利点がある。というのも、こうした原始的形式の思考は、非常に複雑化された思考のもつ混乱した背景なしに表れるからである。このような単純な言語形式を吟味することによって、私たちの日常言語を覆い隠している精神の霧を消し去ることができる。私たちは活動、反応を見る。それらは明確で透明である。」(Wittgenstein, 1965, p.17)

[11] ヴィゴツキー派の研究者であるヤーン・ヴァルシナーの心理療法の特徴づけには認知指向（それと、情動および情動発達への参照の欠如）を見出すことができる。どうしたら人間発達の新しい理解に貢献する心理療法研究が可能かについて論じたエッセーで、ヴァルシナー（Valsiner, 1995）は、心理療法とその実践を以下のように述べている。「心理療法は記号システムの使用（言語使用）と構築に基づく、目標指向的なやりとりのプロセスである」(p.84)、「心理療法のプロセスは、一般的な文化的伝達の特殊ケースと見ることができる」(p.85)。ロープ（Lope, 1981）は、セラピー的 zpd の「相互行為に基づく達成」の分析において、もう少し認知的でない問題解決アプローチをとっている。今少し違った方向性からは、ヴィゴツキーに触発された何人かの認知療法家が、自分たちの仕事を理論的に理解し前進するために、zpd 概念を用いている（たとえば、Chadwick, 2006）。

第３章

[1] ロシア語を理解する何人かの現代のヴィゴツキー研究者の間で、ヴィゴツキーのロシア語の概念、「ペレジバーニエ」について議論されている。これは英語にはぴったり対応する言葉がないが、およそ「経験」にあたること、ヴィゴツキーにとって、それは人格と環境との統合体を意味していることは合意されているようである。しかし他の点については、議論が続いている。これは限られた研究者のトピックであり（Mind, Culture and Activity/xmca listserve というウェブサイトで議論されている）、まだ一般的なヴィゴツキー解説本には現れていない。

[2] 私の言う発達的学習は、私自身の発達心理学者、学習者、教育者、トレーナーとしての経験とヴィゴツキーの独自の読解から生まれたものである。発達的学習の方法論は、この歴史から生まれた。私の文章に、進歩的フリースクール運動や他のアルタナティブ教育運動、ジョン・デューイなどの影響力のある教育哲学との共振を見いだす読者もおられるに違いない。

[3] 2001 年から 2002 年にかけての教育政策局の調査によると、調査対象となっ

た349学校区の大半で、小学校の国語と算数の時間が増加していた。44％の校区で、他の教科や体育、休み時間、昼食の時間を削ることで増やしていた。このような傾向が今は続いていないと信じる根拠はない（McMurrey, 2008）。米国の新聞や雑誌では、非常にしばしば、小学校の構造化されていない遊び時間を公然と非難する記事が掲載される。

[4] 一部のヴィゴツキー研究者にとって、「主導的活動」は非常に重要な心理的、教育的な概念となっている。たとえば、ロシアの心理学者ダヴィドフとエリコニンは発達段階に応じた異なる「主導的活動」を理論化している。遊びは乳幼児期の主導的活動であり、児童期には学習が主導的活動になり、青年期の主導的活動は社会関係だとする（Davydov, 1998, 1999; Elkonin & Davydov, 1996; Lampert-Shepel, 2003 参照）。このアプローチ、とくに児童期の主導的活動としての学習の考え方は大流行した（たとえば、Heddagaard & Lompshire (Eds.), 1999 の *Learning, Activity and Development* 所収の10以上の論文を挙げることができる）。

[5] ヴィゴツキーを読むことで、本書で記述したことの理解が深まり、私の物語を語れるようになった。デューイ主義者、ピアジェ主義者、構成主義者は、もっと違った理解をするだろうし、違った物語を語るだろう。

[6] 教員の発言の引用と活動の様子は、ロブマンが行なった質的研究「システムの中の即興 ── 都市貧困地区の学校における教員の新しいパフォーマンスの創造」（印刷中）と、彼女からの私信に基づいている。

第4章

[1] 哲学者アッピアは、アイデンティティとコスモポリタン主義について長大な論考を書いている。人種的なアイデンティティは人々の承認要求のステージにはよいが、アイデンティティがカテゴリーとなり、厳格な定義付けがなされるようになると問題が生じる、とアッピアは考えている。彼は人々に「アイデンティティ遊び」をするよう促している。これは自身のアイデンティティから距離をとり、アイデンティティが常に重要というわけでもないし、アイデンティティが全てではないことを理解することである。そして、ポスト人種のアイデンティティに移行するよう促している。それは、「民主国家群からなる世界の、民主国家のための集合的アイデンティティを構築する、想像のワーク」である（Appiah, 1996, p.105）。

[2] 演劇、ヒップホップキャバレー、朗読詩のプロデュースに加えて、ＹＯ！（Youth OnStage!）は、トレーニング部門も持っている。このトレーニング

学校は、無料で放課後や夏休みに開校されているが、訓練を積んだプロの役者、演出家、パフォーマンスアーティストがボランティアで教えている。100人を越える若者がＹＯ！のコミュニティ・パフォーマンススクールと劇場演出の両方に参加し、パフォーマー、演出助手、ステージマネージャー、製作助手として参加した。生徒は、ニューヨーク市の30の異なる高校から募集した。

[3] このインタビューは、ニューヨーク大学個別学習ガラティン校の学生だった、ニコール・コングローヴが行なった。彼女は、『我らが都市』の劇作家でもあった。

[4] ここに示した、オールスター・プロジェクトのプログラム参加者の声は、次の３つを情報源としている。１つは、私が2002年にインスティチュートと制作した「自分を研究することで学ぶ若者たち」と題するドキュメンタリーである。第２は、2008年にオールスターが行なったフォーカスグループインタビュー調査である。最後は、オールスターからのもので、許可を得て掲載している。

[5] オールスター・タレントショー・ネットワークに参加しているのは、ニューヨーク市の５つの行政区とニュージャージー州ニューアーク市の貧困地区からきた若者である。他にカリフォルニア州のサンフランシスコ市とオークランド市、イリノイ州シカゴ市でも開催され、若者が参加している。オールスター・タレントショー・ネットワークは、アトランタ、ボストン、ロスアンゼルスの地域組織でも開催されているし、国際的にはオランダのアムステルダムでも行なわれている。

[6] 若者のための発達学校では、ニューヨーク市の５つの行政区とニュージャージー州ニューアーク市の60の高校から生徒を募集している。2007年には、178人が若者のための発達学校を修了し、50を超える企業が有給の夏期インターンシップを受け入れてくれた。

[7] 初期のオールスターの現場活動と募金集め（街頭募金と訪問募金活動）は、あらゆる人々からの幅広い支援を受けたオールスター・タレントショー・ネットワークの活動とはほど遠いものだった。カーランダーによれば、オールスターが企業人から大口寄付を受けるようになったとき、どうやってこういう人々にこの活動にかかわってもらい続けるか、実業界と共同して新しいものを作り続けるにはどうしたらいいかという問題が浮かび上がった。この10年の間に、若者のための発達学校も創設され、オールスターは他に例を見ない慈善活動のモデルを発展させ続けている。カーランダー

は以下のようにコメントしている。

> 私たちは、伝統的な公共分野、とくに反貧困と若者の発達支援のために、個人のお金を募金活動しています。私たちの個人寄付方式は、私たちのプログラムが社会革新のエンジンとなれるかどうかの鍵なのです。政府のプログラムは制約が多く、政治色が強く、概して非効率です。私たちの個人寄付金に基づくプログラムは、社会革新のための実験の場となっているのです。

第5章

[1] ビジネスリーダーたちの目や耳を集めようと競い合っている多数の書籍のタイトルをいくつか挙げてみよう。『戦略的思考と新しい科学 ── カオスの中でのプランニング』『複雑系と変化』『複雑さの利点 ── 複雑系の科学で達成するビジネスパフォーマンスの頂点』『最高パフォーマンス ── 従業員のハートと心をひとつに』『情熱的組織 ── 従業員のコミットメントに火をつけろ』『集合的創造 ── 分散思考のパワー全開法』『チーム力をつける ── 仕事チームの集団ひらめき全開法』『技術革新に火をつけろ ── 創造的マネージメントによる組織活性化』『創造力と変化のマネージメント』『創造的共同のわざに出会う』『創造する企業』『創造する企業幹部』『情熱・直観・創造性の活性化によるビジネスリーダーの革新』

[2] たとえば主要なビジネススクールでは、複雑系やカオス理論を組織に適用するコースを用意している。そこでは、組織を創発的なシステムと見て、技術革新を育て経営する方法や、ビジネスでの即興の利用法も教えている。

[3] POALの顧客となっているグローバル企業には、Pricewaterhouse Coopers, ArcelorMittal, Barclays Bank, Citigroup, Booz Allen Hamilton, Infosys, Lehman Brothersや米国オリンピック委員会等がある。フルタイムのスタッフ以外にも、フリーランスの30人以上のトレーナー、俳優、演出家、技術指導者、劇作家が働いている。

[4] 葛藤解決のための積極的傾聴とは、話し手に全ての注意を集中する傾聴と反応テクニックのことである。聞き手は、話し手に注意を向けて話し手の言ったことを自分のことばにして反復する訓練をする（コロラド大学コンフリクト研究コンソーシアム http://www.colorado.edu/conflict/peace/treatment/activel.htm　2008年2月20日閲覧）。

[5] POALのウェブサイト（www.performanceofalifetime.com）には、顧客のストーリーに基づいた小話劇が掲載されている。

[6] ユーリア・エンゲストロームとヘルシンキ大学活動理論発達的ワーク研究センターの仕事は、ヴィゴツキーのまた別の側面を仕事場と組織研究に応用している。エンゲストロームの研究は、談話と相互行為のミクロレベルの分析と、組織の歴史的分析とモデル化を組み合わせて、発達的矛盾が動かす活動システムとして組織を描いている（Engeström, 2005; Engeström, Engeström & Kerosuo, 2003; Engeström & Kerosuo, 2007）。

第6章

[1] ジムの文章と振り返りについては、ジムと娘のジェシーの同意を得て掲載した。

[2] ジムとジェシーが読んでいたのは、以下の「対話 17　即興的学習」（Holzman & Mendez, 2003, pp.86-87）である。

研修生：どうこの質問をしたらいいのか、質問になるのかも分からないのですが、即興とセラピーと生活についてのお考え、コメント、受け止め方、何でもいいのですが、何か聞かせてもらえますか？

フレド：かつてよりも今のほうが、人生はずっとずっと即興的だと思うようになっています。即興は、学ぶことができるし、よりよい生を助けます。私たちの住まう文化を私がどう思い描くかというと、あまりにも強く役割によって決定されすぎていると思います。道徳批判をしたいわけではないんですよ。私たちは人々を役割に押し込んで、こう教えます。自分になれ、社会に適応せよ、とね。これがポジティブだと思っているんです。人々が自分の役割を知るよう助けようとします。それにも価値があります。確かにある意味では、何者であるかを学ぶことは大事です。その一方で、生の大半は、私たちが互いにどう付き合うかという主観的なニュアンスに満ちた裂け目の間で生きられています。

セラピー的であるということについては、心理セラピーがあまりにも異常性と結びつけられてきたことは不幸だと思います。これが変わりつつあるのはよいことです。情動と発達のスキルは、学校、家庭、その他どこであれ、学ぶべきことのうちで重要なものです。セラピーが生活の一部となり、もはやセラピーとは呼ばれなくなる、そういう時代に向かっているのだと思いますよ。

人々は、遥かにうまく情動的なやり取りができるようになるでしょう。これは学べることなんです。いまだに、正常な情動性はただ自動

的に手に入ると信じがちです。これには賛成できません。他者とどういうふうに触れあうか、どうやって関係し合うか、どうやって一緒にやるか、どうやって他者に与えるか、どうやって社会環境を創造するかについて、学ばないというのは非常に残念です。そういう日がくるでしょうか？ 多分、私が生きている間には、ほとんどの私たちが生きている間にはこないでしょう。

研修生：即興という言葉で何を意味しておられるのか、わからないのですが？

フレド：私にとって、即興は、役割に支配された活動の境界から抜け出て、予期していなかった何かを創造することです。点を結んでいくパズルをやったことがあるでしょう？ このパズルの唯一の解法は、点からなる与えられた箱の外に出ることでしたね？ 即興というのは、私たち皆がその中で生きている、社会によって与えられた箱から抜け出すことなのです。

時には、役割を生きるほうがいいこともあります。ニューヨークで道路を横断しているときに即興をするのはやめたほうがいいでしょう。そういう場合には、役割に支配された行動を 100 パーセント支持しますよ。でも、役割に制約されないことがすばらしく、そして発達につながる生活の場面もたくさんあります。たとえば、愛する人と関係をさらに育みたいときには、意識的に新しいことに挑戦するのがいいでしょう。たとえ夕食を共にするときであってもね。違うことをしなかったとしても、そういうオプションがあるだけで楽しくなるのです。私たちは非常に保守的で、役割に過重に決定された種なのかも知れません。しかし、箱から抜け出す道を選ぶ、そういう能力も持ち合わせているのです。